Tortat e mrekullueshme

Receta për të bërë torta të shijshme si profesionistët

Maria Bianchi

përmbajtjen

ëmbëlsira me puding 11

Tartleta daneze e pudingut 12

ëmbëlsira me fruta 13

Tortë Genovese 15

kek me xhenxhefil 16

ëmbëlsira me reçel 17

Tortë me arra 18

Tortë me mollë dhe arra 19

Tortë Gainsborough 20

Tortë me limon 21

tartlet me limon 22

Tortë me portokall 23

Tortë me dardhë 24

Tartlet me dardhe dhe bajame 25

Tortë mbretërore me rrush të thatë 27

Tortë me rrush të thatë dhe salcë kosi 29

Tortë me luleshtrydhe 30

kek melasë 32

Tortë me arra dhe melasa 33

Tortë Amish Shoo-fly 34

Fetë e pudingut të Bostonit 35

Byrek Amerikan i Malit të Bardhë 36

Byrek me dhallë amerikane 38

Tortë me xhenxhefil me rum Karaibe	39
Sachertorte	40
Tortë frutash me rum të Karaibeve	42
Tortë daneze me gjalpë	44
Kardamom është danez	45
Gateau Pithiviers	46
torta e mbretit	47
krem karamel	48
Gugelhopf	49
Çokollatë luksoze Gugelhopf	51
I vjedhur	53
bajame stollen	55
fëstëk i vjedhur	57
bakllava	59
Udhëtim stresi hungarez	60
Panfort	62
Tortë me fjongo brumi	63
Tortë italiane me oriz me Grand Marnier	64
Tortë me kërpudha siciliane	65
Tortë italiane me rikota	67
Tortë italiane me makarona	68
Tortë italiane me maskarpone me arra	69
Byrek holandez me mollë	70
torte normale norvegjeze	71
Tortë me kurorë norvegjeze	72
Biskota portugeze kokosi	73
Tortë skandinave Tosca	74

Biskota Hertzog të Afrikës së Jugut	75
Tortë baske	76
Prizma bajame dhe krem djathi	78
Kalaja e Pyllit të Zi	80
Tortë me çokollatë dhe bajame	81
cheesecake me çokollatë	82
tortë paddock me çokollatë	84
Porti i karobit dhe nenexhikut	86
Dera e kafesë me akull	87
Unazë Gâteau kafeje dhe arra	88
Porta daneze me çokollatë dhe puding	90
fruta porte	92
savarina e frutave	93
kek me shtrese xhenxhefili	95
Porti i rrushit dhe pjeshkës	96
Tortë me limon	98
Porta kafe	99
Strudel	101
porta portokalli	102
Tortë me marmelatë portokalli me katër shtresa	103
Porta me arra dhe hurma	105
Tortë me kumbulla dhe kanellë	107
Shtresa prerëse Gâteau	108
tortë me vija ylber	110
Gateau St-Honoré	112
Strawberry Choux Gâteau	114
kek kafeje	115

Tortë me kafe Streusel 116

tortë drip shtëpi në fermë 117

Bukë me xhenxhefil amerikan me salcë limoni 118

kek me xhenxhefil kafeje 120

Tortë me krem me xhenxhefil 121

kek me xhenxhefil liverpool 122

kek me xhenxhefil me bollgur 123

biskota ngjitëse me kek me xhenxhefil 125

kek me xhenxhefil me grurë të plotë 126

Tortë me mjaltë dhe bajame 127

kek me akullore me limon 128

unazë akulloreje 129

tortë e zonjës 131

Tortë me fara Lardy Caraway 133

tortë mermeri 134

Tortë me shtresë Lincolnshire 135

tortë buke 136

kek me reçel 137

kek me fara lulekuqe 139

kek natyral me kos 140

Pritini byrekun me puding 141

Tortë me mjedër me onde me glazurë çokollate 143

bukë e shkurtër 144

Tortë me vaj 145

Tortë me unazë me erëza 146

tortë me shtresë pikante 147

Tortë me sheqer me kanellë 148

tortë me çaj viktoriane	149
Të gjitha në një tortë me fruta	150
Të gjitha në një tortë me fruta	151
Tortë me fruta australiane	152
Tortë e pasur amerikane	153
Tortë me fruta me karobë	155
Tortë me fruta kafeje	156
Cornish Heavy Pie	158
kek me rrush pa fara	159
kek me fruta të errët	160
Pritini dhe kthejeni tortën	162
Tortë Dundee	163
Tortë me fruta gjatë natës pa vezë	164
Tortë frutash e pagabueshme	165
Tortë me xhenxhefil	167
Fruta ferme dhe kek me xhenxhefil	168
Tortë Xhenova	170
Tortë me fruta të ftohtë	172
Tortë me fruta Guinness	173
Një byrek i grirë	174
Tortë me tërshërë dhe fruta me kajsi	175
Tortë me fruta nate	176
Tortë me rrush të thatë dhe erëza	177
tortë richmond	178
Tortë me fruta me shafran	179
Tortë me fruta me sode	181
kek i shpejtë me fruta	182

tortë me fruta me çaj të nxehtë 183
Tortë me fruta me çaj të ftohtë 184
kek frutash pa sheqer 185
Ëmbëlsira të vogla frutash 187
Tortë frutash me uthull 188
Tortë me uiski Virginia 189
Tortë me fruta nga Uellsi 190
kek me fruta të bardha 191
byrek me mollë 192
Tortë me mollë me erëza krokante 193
Byrek me mollë amerikane 194
byrek me mollë 195
byrek me mollë me musht 196
Tortë me mollë dhe kanellë 197
Byrek spanjoll me mollë 198
Tortë me mollë dhe sulltaneshë 200
Byrek me mollë me kokë poshtë 201
Tortë me bukë me kajsi 203
Tortë me kajsi dhe xhenxhefil 204
Tortë me kajsi të errët 205
Tortë me banane 206
kek me banane krokante 207
kërpudha banane 208
kek me banane e pasur me fibra 209
Tortë me limon me banane 210
Tortë me çokollatë me banane në një blender 211
Torte me banane me lajthi 212

Tortë me banane dhe rrush të thatë në një 213

Tortë me uiski me banane 214

Tortë me boronica 215

Byrek me qershi Catstone 216

Tortë me qershi dhe kokos 217

Tortë me qershi dhe sulltaneshë 218

Tortë akullore me arra qershie 219

ëmbëlsira me puding

12 më parë

225 g / 8 oz pastë me kore të shkurtra

15 ml / 1 lugë gjelle sheqer pluhur (shumë i imët)

1 vezë e rrahur lehtë

150 ml / ¼ pt / 2/3 filxhan qumësht të ngrohtë

një majë kripë

arrëmyshk i grirë për spërkatje

Hapeni brumin dhe vendosni 12 pjata të thella për kek (kallëpët empanada). Përziejmë sheqerin me vezën, më pas shtojmë gradualisht qumështin e ngrohtë dhe kripën. Masën e derdhim në format e pastiçerisë (karamele të rezervuara) dhe e spërkasim me arrëmyshk. E pjekim në furrë të parangrohur në 200°C/400°F/gaz 6 për 20 minuta. Lëreni të ftohet në kuti.

Tartleta daneze e pudingut

Shërben 8

200 g / 7 oz / me masë 1 filxhan gjalpë ose margarinë

250 g / 9 oz / 2¼ filxhan miell për të gjitha përdorimet

50 g / 2 oz / 1/3 filxhan sheqer ëmbëlsirash, i situr

2 te verdha veze

1 porcion mbushje me puding danez

Fërkoni gjalpin ose margarinën me miell dhe sheqer derisa masa të ngjajë me thërrimet e bukës. Shtoni të verdhat e vezëve derisa të kombinohen mirë. Mbulojeni me petë (mbështjellës plastik) dhe vendoseni në frigorifer për 1 orë. Hapni dy të tretat e brumit (brumi) dhe e përdorni për të rreshtuar format e ëmbëlsirave të lyera me yndyrë (format empanade). E mbushim me mbushjen e pudingut. Hapeni brumin e mbetur dhe prisni majat e ëmbëlsirave. Lagni skajet dhe shtypni ato së bashku për t'u mbyllur. E pjekim në furrë të parangrohur në 200°C deri në kafe të artë për 15-20 minuta. Lëreni të ftohet në kuti.

ëmbëlsira me fruta

12 më parë

75 g / 3 oz / 1/3 filxhan gjalpë ose margarinë, të prerë në kubikë

175 g / 6 oz / 1½ filxhan miell për të gjitha përdorimet

45 ml / 3 lugë sheqer pluhur (shumë i imët)

10 ml / 2 lugë e vogël lëvozhgë portokalli të grirë imët

1 e verdhe veze

15 ml / 1 lugë gjelle ujë

175 g / 6 oz / ¾ filxhan krem djathi

15 ml / 1 lugë gjelle qumësht

350 g / 12 oz fruta të përziera, të tilla si rrush pa fara të përgjysmuara, feta mandarine, luleshtrydhe të prera, manaferra ose mjedra

45 ml / 3 lugë gjelle reçel kajsie (e konservuar), e situr (e filtruar)

15 ml / 1 lugë gjelle ujë

Fërkoni gjalpin ose margarinën në miell derisa përzierja të ngjajë me thërrimet e bukës. Shtoni 30 ml/2 lugë sheqer dhe gjysmën e lëvozhgës së portokallit. Shtoni të verdhën e vezës dhe ujë të mjaftueshëm për t'u përzier në një brumë të butë. Mbështilleni me petë (folje) dhe vendoseni në frigorifer për 30 minuta.

Në një sipërfaqe të lyer lehtë me miell, hapeni brumin në trashësi 1/8/3 mm dhe përdorni për të rreshtuar 12 format e ëmbëlsirave ose byrekut. Mbulojeni me letër yndyre (të depiluar), mbushni me fasule të pjekura dhe piqini në furrë të parangrohur në 190°C për 10 minuta. Hiqni letrën dhe fasulet dhe piqini edhe për 5 minuta të tjera derisa të marrin ngjyrë kafe të artë. Lëreni të ftohet në tepsi për 5 minuta, më pas kaloni në një raft teli që të ftohet plotësisht.

Përzieni djathin me qumështin, sheqerin e mbetur dhe lëkurën e portokallit derisa të bëhet shkumë. Hidheni në format e ëmbëlsirave (lëvozhgat e byrekut) dhe sipër me fruta. Ngrohni reçelin dhe ujin në një tenxhere të vogël derisa të përzihen mirë, më pas shpërndajeni mbi fruta. Ftoheni përpara se ta shërbeni.

Tortë Genovese

Përgatit një tortë 23 cm

100 gr petë sfoliat

50 g / 2 oz / ¼ filxhan gjalpë ose margarinë, të zbutur

75 g / 3 oz / 1/3 filxhan sheqer pluhur (shumë i imët)

75 g / 3 oz / ¾ filxhan bajame, të copëtuara

3 vezë të ndara

2,5 ml / ½ lugë çaji esencë vanilje (ekstrakt)

100 g / 4 oz / 1 filxhan miell për të gjitha përdorimet

100 g / 4 oz / 2/3 filxhan sheqer ëmbëlsirash, i situr

Lëng nga ½ limoni

Hapeni brumin në një sipërfaqe të lyer lehtë me miell dhe shtroni një formë keku 23 cm. Prisni gjithçka me një pirun. Rrihni gjalpin ose margarinën dhe sheqerin pluhur derisa të bëhet shkumë. Hidhni gradualisht bajamet, të verdhën e vezës dhe thelbin e vaniljes, shtoni miellin. Rrihni të bardhat e vezëve në një shkumë të fortë dhe më pas përzieni në masë. Hidheni në tepsi dhe piqini në furrë të parangrohur në 190°C për 30 minuta. Lëreni të ftohet për 5 minuta. Përziejmë pluhurin e sheqerit me lëng limoni dhe e shpërndajmë sipër kekut.

kek me xhenxhefil

Përgatit një tortë 23 cm

225 g / 8 oz / 2/3 filxhan shurup ari (misër i lehtë)

250 ml / 8 ml oz / 1 filxhan ujë të valë

2,5 ml / ½ lugë e vogël xhenxhefil të bluar

60 ml / 4 lugë gjelle xhenxhefil i kristalizuar (i ëmbëlsuar) i grirë imët

30 ml / 2 lugë gjelle miell misri (niseshte misri)

15 ml / 1 lugë gjelle pluhur pudingu

1 kuti bazë për pandispanja

Ziejeni shurupin, ujin dhe xhenxhefilin e bluar, më pas shtoni xhenxhefilin e kristalizuar. Përzieni miellin e misrit dhe pluhurin e pudingut me pak ujë derisa të formohet një masë, më pas përzieni në masën e xhenxhefilit dhe ziejini për disa minuta duke e përzier vazhdimisht. Derdhni mbushjen në lëvozhgën e byrekut (koren), lëreni të ftohet dhe të piqet.

ëmbëlsira me reçel

12 më parë

225 g / 8 oz pastë me kore të shkurtra

175 g / 6 oz / ½ filxhan reçel frutash të plota ose të forta (të rezervuara)

Hapeni brumin (makaronat) dhe shtroni me të një simite të lyer me yndyrë (tepsinë empanada). Përhapeni reçelin midis ëmbëlsirave dhe piqeni në furrë të parangrohur në 200°C për 15 minuta.

Tortë me arra

Përgatit një tortë 23 cm

225 g / 8 oz pastë me kore të shkurtra

50 g / 2 oz / ½ filxhan pekan

3 vezë

225 g / 8 oz / 2/3 filxhan shurup ari (misër i lehtë)

75 g / 3 oz / 1/3 filxhan sheqer kafe të butë

2,5 ml / ½ lugë çaji esencë vanilje (ekstrakt)

një majë kripë

Hapeni brumin (brumin) në një sipërfaqe të lyer pak me miell dhe shtroni një tepsi të lyer me yndyrë 23 cm të veshur me letër furre, e mbushni me fasule dhe e pjekim të verbër në një furrë të parangrohur në 190°C/375°. Treguesi F/gaz 5 për 10 minuta. Hiqni letrën dhe fasulet.

Në formatin e kekut (bazë byreku) i radhisim arrat në një model të bukur. Rrihni vezët lehtë dhe me gëzof. Hidhni shurupin, më pas sheqerin dhe përzieni derisa sheqeri të tretet. Shtoni esencën e vaniljes dhe kripën dhe përzieni derisa të jetë e qetë. Hedhim masën në tepsi dhe e pjekim në furrë të parangrohur për 10 minuta. Uleni temperaturën e furrës në 180°C/350°F/shënjimin e gazit 4 dhe piqni edhe për 30 minuta të tjera derisa të marrin ngjyrë kafe të artë. Lëreni të ftohet dhe vendoseni përpara se ta shërbeni.

Tortë me mollë dhe arra

Përgatit një tortë 23 cm

2 vezë

350 g / 12 oz / 1½ filxhan sheqer pluhur (shumë i hollë)

50 g / 2 oz / ½ filxhan miell për të gjitha përdorimet

10 ml / 2 lugë lugë pluhur pjekjeje

një majë kripë

100g/4oz mollë gatimi (të tharta), të qëruara, të prera dhe të prera në kubikë

100 g / 4 oz / 1 filxhan arra ose arra

150 ml / ¼ pt / 2/3 filxhan krem pana

Rrihni vezët derisa të zbehet dhe të bëhet shkumë. Shtoni të gjithë përbërësit e tjerë, përveç kremit, një nga një sipas renditjes së renditur. Hidheni në një formë (formë) për kek të lyer me yndyrë dhe të shtruar 23 cm dhe piqeni në furrë të parangrohur në 160°C për rreth. Piqeni për 45 minuta derisa të fryhet dhe të marrë ngjyrë kafe të artë. Shërbejeni me krem.

Tortë Gainsborough

Prej saj bëjmë një kek 20 cm

25 g / 1 oz / 2 lugë gjelle gjalpë ose margarinë

2,5 ml / ½ lugë e vogël pluhur pjekjeje

50 g / 2 oz / ¼ filxhan sheqer pluhur (shumë i imët)

100 g / 4 oz / 1 filxhan kokos të tharë (i copëtuar)

50 g / 2 oz / ¼ filxhan qershi me glazurë (të ëmbëlsuar), të copëtuara

2 vezë të rrahura

Shkrijmë gjalpin, më pas përziejmë përbërësit e tjerë dhe i hedhim në një tepsi (kallëp) të lyer me yndyrë 20 cm. E pjekim në furrë të nxehur më parë në 180°C, me pikën 4 të gazit, për 30 minuta derisa të preken.

Tortë me limon

Prej saj bëjmë një kek 25 cm

225 g / 8 oz pastë me kore të shkurtra

100 g / 4 oz / ½ filxhan gjalpë ose margarinë

4 vezë

Lëkurë e grirë dhe lëng nga 2 limona

100 g / 4 oz / ½ filxhan sheqer pluhur (shumë i imët)

250 ml / 8 ml oz / 1 filxhan krem i dyfishtë (i rëndë)

Fletë mendore për dekorim

Hapeni brumin (brumin) në një sipërfaqe të lyer pak me miell dhe shtroni një tepsi të sheshtë 25 cm/10, shponi bazën me një pirun. E mbulojmë me letër yndyre (të dylluar) dhe e mbushim me fasule të pjekura. Piqeni në furrë të parangrohur në 200°C/400°F/gaz 6 për 10 minuta. Hiqni letrën dhe fasulet dhe kthejini në furrë për 5 minuta të tjera derisa baza të thahet. Uleni temperaturën e furrës në 160 °C / 325 °F / shenjën e gazit 3.

Shkrini gjalpin ose margarinën dhe lëreni të ftohet për 1 minutë. Rrihni vezët me lëkurën e limonit dhe lëngun. Rrihni gjalpin, sheqerin dhe kremin. Hidheni në tepsi dhe piqini në temperaturë të reduktuar për 20 minuta. Lëreni të ftohet, më pas ftoheni përpara se ta shërbeni, zbukurojeni me një gjethe nenexhiku.

tartlet me limon

12 më parë

225 g / 8 oz / 1 filxhan gjalpë ose margarinë, i zbutur

75 g / 3 oz / ½ filxhan sheqer ëmbëlsirash, i situr

175 g / 6 oz / 1½ filxhan miell për të gjitha përdorimet

50 g / 2 oz / ½ filxhan miell misri (maizena)

5 ml / 1 lugë gjelle lëvozhgë limoni të grirë

Për veshjen:
30 ml / 2 lugë gjelle gjizë limoni

30 ml / 2 lugë gjelle sheqer pluhur (pastiçeri), i situr

Përziejini të gjithë përbërësit për kekun derisa të jetë uniform. Hidheni në një qese dhe dekorojeni në 12 kuti letre të vendosura në tepsi për kifle (empanada). Piqeni në furrë të parangrohur në 180°C deri në kafe të artë të lehtë për 20 minuta. Lëreni të ftohet pak, më pas hidhni një lugë gjelle gjizë limoni sipër çdo kërpudhe dhe spërkatni me sheqer pluhur.

Tortë me portokall

Përgatit një tortë 23 cm

1 kuti bazë për pandispanja

400 ml / 14 ml oz / 1¾ filxhan lëng portokalli

150 g / 5 oz / 2/3 filxhan sheqer pluhur (shumë i imët)

30 ml / 2 lugë krem pastiçerie pluhur

15 g / ½ oz / 1 lugë gjelle gjalpë ose margarinë

15 ml / 1 lugë gjelle lëvozhgë portokalli të grirë

Disa feta portokalli të ëmbëlsuar (opsionale)

Përgatitni kutinë (lëvozhgën) bazë të pandispanjës. Gjatë përgatitjes përzieni 250 ml lëng portokalli me sheqer, krem pluhur dhe gjalpë ose margarinë. Lëreni përzierjen të vlojë dhe ziej derisa të bëhet e qartë dhe e trashë. Shtoni lëkurën e portokallit. Sapo kasa të dalë nga furra, hidhni lëngun e mbetur të portokallit, më pas hidhni mbushjen e portokallit dhe lëreni të ftohet dhe të piqet. Dekoroni me feta portokalli të ëmbëlsuar sipas shijes.

Tortë me dardhë

Prej saj bëjmë një kek 20 cm

1 sasi Pate Sucree

Për mbushjen:

150 ml / ¼ pt / 2/3 filxhan krem të dyfishtë (i rëndë)

2 vezë

50 g / 2 oz / ¼ filxhan sheqer pluhur (shumë i imët)

5 llamba

Për glazurën:

75 ml / 5 lugë gjelle pelte rrush pa fara (konserva e pastër)

30 ml / 2 lugë gjelle ujë

Një shtrydhje me lëng limoni.

Hapeni sukren e patesë dhe vendosni një tepsi të sheshtë 20 cm. Mbulojeni me letër pjekjeje (të depiluar), mbushni me fasule dhe piqini në furrë të parangrohur në temperaturën 190°C/375°F/shenja 5 e gazit për 12 minuta. Hiqeni nga furra, hiqni letrën dhe fasulet dhe lërini të ftohen.

Për mbushjen përzihen kremi, vezët dhe sheqeri. Qëroni dhe theroni dardhat, më pas i prisni përgjysmë për së gjati. Vendoseni anën e prerë poshtë dhe prisni pothuajse në qendër të dardhës, por lërini të paprekura. Radhisim në tepsi (lëvozhgën). Hidheni masën e kremës dhe piqeni në furrë të parangrohur në 190°C/375°F/gaz 4 për 45 minuta nëse e mbuloni me letër pjekjeje (të depiluar) përpara se kremi të ngjitet. Lëreni të ftohet.

Për të përgatitur glazurën, shkrini xhelatinën, ujin dhe lëngun e limonit në një tenxhere të vogël. Lyejeni frutat me furçë derisa glazura është e ngrohtë, më pas lëreni të qëndrojë. E shërbejmë në të njëjtën ditë.

Tartlet me dardhe dhe bajame

Prej saj bëjmë një kek 20 cm

Për makaronat (makaronat):

100 g / 4 oz / 1 filxhan miell për të gjitha përdorimet

50 g / 2 oz / ½ filxhan bajame të bluara

50 g / 2 oz / ¼ filxhan sheqer pluhur (shumë i imët)

75 g / 3 oz / 1/3 filxhan gjalpë ose margarinë, të prerë në kubikë dhe të zbutur

1 e verdhe veze

Disa pika esencë bajame (ekstrakt)

Për mbushjen:

1 e verdhe veze

50 g / 2 oz / ¼ filxhan sheqer pluhur (shumë i imët)

50 g / 2 oz / ½ filxhan bajame të bluara

30 ml / 2 lugë liker me shije dardhe ose liker tjetër për shije

3 dardha të mëdha

Për pudingun:

3 vezë

25 g / 1 oz / 2 lugë gjelle sheqer pluhur (shumë i imët)

300 ml / ½ pt / 1¼ filxhan krem i thjeshtë (i lehtë).

Për brumin, përzieni miellin, bajamet dhe sheqerin në një enë dhe bëni një pus në mes. Shtoni gjalpin ose margarinën, të verdhën e vezës dhe esencën e vaniljes, më pas përzieni gradualisht përbërësit derisa të përftohet një brumë i butë. Mbështilleni në letër (mbështjellës plastik) dhe vendoseni në frigorifer për 45 minuta. Hapeni në një sipërfaqe të lyer me miell dhe shtroni një tepsi (formë) të lyer me yndyrë dhe të rreshtuar 20 cm. Mbulojeni me letër yndyre (të dylluar), mbushni me fasule dhe piqni verbërisht në furrë të parangrohur në 200°C/400°F/shenja 6 e gazit për 15 minuta. Hiqni letrën dhe fasulet.

Për mbushjen, përzieni të verdhat e vezëve dhe sheqerin derisa të bëhet shkumë. Shtojmë bajamet dhe likerin dhe masën e derdhim në formatin e kekut (lëvozhgën e byrekut). Qëroni, bërtitni dhe prisni dardhën në gjysmë, më pas vendoseni me anën e sheshtë poshtë sipër mbushjes.

Për të bërë pudingun, rrihni vezët dhe sheqerin derisa të zbuten dhe të zbuten. E trazojmë kremin, mbi dardhat e shtrojmë pudingun dhe i pjekim në furrë të parangrohur në 180°C me shenjën e gazit 4 për rreth. E pjekim per 15 minuta derisa te martohet pudingu.

Tortë mbretërore me rrush të thatë

Prej saj bëjmë një kek 20 cm

Për makaronat (makaronat):
100 g / 4 oz / ½ filxhan gjalpë ose margarinë

225 g / 8 oz / 2 gota miell për të gjitha përdorimet

një majë kripë

45 ml / 3 lugë gjelle ujë të ftohtë

Për mbushjen:
50 g / 2 oz / ½ filxhan thërrime biskotash

175 g / 6 oz / 1 filxhan rrush të thatë

1 e verdhe veze

5 ml / 1 lugë gjelle lëvozhgë limoni të grirë

Për veshjen:
225 g / 8 oz / 11/3 filxhan sheqer ëmbëlsirash, i situr

1 e bardhe veze

5 ml / 1 lugë çaji lëng limoni

Dalje:
45 ml / 3 lugë gjelle pelte rrush pa fara (konserva të qarta)

Për brumin, gjalpi ose margarina fërkohet me miell dhe kripë derisa masa të ngjajë me thërrimet e bukës. Përzieni në ujë të ftohtë të mjaftueshëm për të bërë një brumë. Mbështillni me petë (folje) dhe vendoseni në frigorifer për 30 minuta.

Hapeni brumin dhe shtroni një formë torte katrore 20 cm. I përziejmë përbërësit për mbushjen dhe i hedhim poshtë në mënyrë që sipër të jetë e lëmuar. Përziejmë përbërësit për dressing dhe e shpërndajmë mbi tortë. Rrihni pelte rrush pa fara derisa të jetë e qetë, më pas vizatoni një model grilë sipër tortës.

Piqni në një furrë të parangrohur në 190°C/375°F/shënjimin e gazit 5 për 30 minuta, më pas ulni temperaturën e furrës në 180°C/350°F/shenja e gazit 4 dhe piqni edhe për 10 minuta të tjera.

Tortë me rrush të thatë dhe salcë kosi

Përgatit një tortë 23 cm

225 g / 8 oz pastë me kore të shkurtra

30 ml / 2 lugë miell për të gjitha përdorimet

2 vezë të rrahura lehtë

60 ml / 4 lugë sheqer pluhur (shumë i imët)

250 ml / 8 ml oz / 1 filxhan krem fraiche (creme fraiche)

225 g / 8 oz / 1 1/3 filxhan rrush të thatë

60 ml / 4 lugë rum ose raki

Disa pika esencë vanilje (ekstrakt)

Hapeni brumin (brumin) me trashësi 5 mm / ¼ në një sipërfaqe të lyer lehtë me miell. Përzieni miellin, vezët, sheqerin dhe ajkën, më pas shtoni rrushin e thatë, rumin ose rakinë dhe esencën e vaniljes. Hedhim masën në tepsi dhe e pjekim në furrë të parangrohur në 200°C për 20 minuta. Uleni temperaturën e furrës në 180°C/350°F/shënjimin e gazit 4 dhe piqni edhe për 5 minuta të tjera derisa të mbaroni.

Tortë me luleshtrydhe

Prej saj bëjmë një kek 20 cm

1 sasi Pate Sucree

Për mbushjen:

5 te verdha veze

175 g / 6 oz / ¾ filxhan sheqer pluhur (shumë i imët)

75 g / 3 oz / ¾ filxhan miell misri (maizena)

1 bisht vanilje (shop)

450 ml / ¾ pt / 2 gota qumësht

15 g / ½ oz / 1 lugë gjelle gjalpë ose margarinë

550 gr luleshtrydhe të prera në gjysmë

Për glazurën:

75 ml / 5 lugë gjelle pelte rrush pa fara (konserva e pastër)

30 ml / 2 lugë gjelle ujë

Një shtrydhje me lëng limoni.

Hapeni brumin (brumi) dhe shtroni një formë (formë) të sheshtë 20 cm. Mbulojeni me letër pjekjeje (të depiluar), mbushni me fasule dhe piqini në furrë të parangrohur në temperaturën 190°C/375°F/shenja 5 e gazit për 12 minuta. Hiqeni nga furra, hiqni letrën dhe fasulet dhe lërini të ftohen.

Për mbushjen, rrahim të verdhat e vezëve dhe sheqerin derisa të zbehet, të bëhet shkumë dhe të ndahet nga rrahja në rripa. Përziejmë niseshtenë e misrit, qumështit i shtojmë kokrrën e vaniljes dhe e lëmë të vlojë. Hiqni kofshën e vaniljes. Shtoni gradualisht përzierjen e vezëve. Hidheni përzierjen në një tenxhere të pastër dhe lëreni të vlojë duke e përzier vazhdimisht, më pas vazhdoni të gatuani duke e trazuar për 3 minuta. Hiqeni nga zjarri dhe shtoni gjalpë ose margarinë derisa të shkrihet.

Mbulojeni me letër të lyer me yndyrë (të dylluar) dhe lëreni të ftohet.

Hedhim kremin e pastiçerisë në formatin e kekut dhe sipër i vendosim luleshtrydhet. Për të përgatitur glazurën, shkrini xhelatinën, ujin dhe lëngun e limonit. Lyejeni frutat me furçë derisa glazura është e ngrohtë, më pas lëreni të qëndrojë. E shërbejmë në të njëjtën ditë.

kek melasë

Prej saj bëjmë një kek 20 cm

75 g / 3 oz / 1/3 filxhan gjalpë ose margarinë

175 g / 6 oz / 1½ filxhan miell për të gjitha përdorimet

15 ml / 1 lugë gjelle sheqer pluhur (shumë i imët)

1 e verdhe veze

30 ml / 2 lugë gjelle ujë

225 g / 8 oz / 2/3 filxhan shurup ari (misër i lehtë)

50 g / 2 oz / 1 filxhan thërrime buke të freskëta

5 ml / 1 lugë çaji lëng limoni

Fërkoni gjalpin ose margarinën në miell derisa përzierja të ngjajë me thërrimet e bukës. Shtoni sheqerin, më pas shtoni të verdhën e vezës dhe ujin dhe përzieni derisa të përftohet një brumë (pastë). Mbështilleni me petë (folje) dhe vendoseni në frigorifer për 30 minuta.

Hapeni brumin dhe shtroni një formë (formë) të sheshtë 20 cm. Ngroheni shurupin dhe më pas përzieni me thërrimet e bukës dhe lëngun e limonit. Hidheni mbushjen në formatin e kekut dhe piqeni në furrë të parangrohur në 180°C/350°F/gaz 4 për 35 minuta derisa të marrë flluska.

Tortë me arra dhe melasa

Prej saj bëjmë një kek 20 cm

225 g / 8 oz pastë me kore të shkurtra

100 g / 4 oz / ½ filxhan gjalpë ose margarinë, i zbutur

50 g / 2 oz / ¼ filxhan sheqer kafe të butë

2 vezë të rrahura

175 g / 6 oz / ½ filxhan shurup ari (misër i lehtë), i ngrohtë

100 g / 4 oz / 1 filxhan arra, të grira hollë

Lëkura e grirë e 1 limoni

Lëng nga ½ limoni

Hapeni brumin (brumin) dhe shtroni një tepsi (formë) të lyer me yndyrë 20 cm. Mbulohet me letër yndyre (të dylluar), mbushet me fasule të pjekura dhe piqet në furrë të parangrohur në 200°C. /400° F / shenjë gazi 6 për 10 minuta. Hiqeni nga furra dhe hiqni letrën dhe fasulet. Uleni temperaturën e furrës në 180°C/350°F/shenja 4 e gazit.

Rrihni gjalpin ose margarinën dhe sheqerin lehtë dhe me gëzof. Shtoni gradualisht vezët, më pas shtoni shurupin, arrat, lëkurën e limonit dhe lëngun. Hidheni në një formë byreku (bazë byreku) dhe piqini në furrë deri në kafe të artë dhe krokante për 45 minuta.

Tortë Amish Shoo-fly

Bën një tortë 9"x12".

225 g / 8 oz / 1 filxhan gjalpë ose margarinë, i zbutur

225 g / 8 oz / 2 gota miell për të gjitha përdorimet

225 g / 8 oz / 2 gota miell gruri integral (gruri integral)

450 g / 1 lb / 2 gota sheqer të butë kafe

350 g / 12 oz / 1 filxhan melasa me rrip të zi (melasë)

10 ml / 2 lugë çaji pluhur pjekje (pluhur pjekje)

450 ml / ¾ pt / 2 gota ujë të valë

Fërkoni gjalpin ose margarinën në miell derisa përzierja të ngjajë me thërrimet e bukës. Shtoni sheqerin. Rezervoni 100 g / 4 oz / 1 filxhan të përzierjes për salcë. Bashkoni melasën, pluhurin për pjekje dhe ujin dhe përzieni në masën e miellit derisa përbërësit e thatë të thithen. Hidheni në një tepsi (formë) të lyer me yndyrë dhe miell 23 x 30 cm / 9 x 12 dhe spërkateni me masën e rezervuar. Piqeni në furrë të parangrohur në 180°C për 35 minuta, derisa një hell i futur në qendër të dalë i pastër. Shërbejeni të ngrohtë.

Fetë e pudingut të Bostonit

Përgatit një tortë 23 cm

100 g / 4 oz / ½ filxhan gjalpë ose margarinë, i zbutur

225 g / 8 oz / 1 filxhan sheqer pluhur (shumë i imët)

2 vezë të rrahura lehtë

2,5 ml / ½ lugë çaji esencë vanilje (ekstrakt)

175 g / 6 oz / 1½ filxhan miell që ngrihet vetë

5 ml / 1 lugë çaji pluhur pjekjeje

një majë kripë

60 ml / 4 lugë gjelle qumësht

mbushje krem pasticerie

Rrahim gjalpin ose margarinën dhe sheqerin derisa të bëhet shkumë. Shtoni gradualisht vezët dhe esencën e vaniljes duke i rrahur mirë pas çdo shtimi. Përziejmë miellin, pluhurin për pjekje dhe kripën, më pas masën e shtojmë në mënyrë alternative me qumështin. Hidheni në një formë keku të lyer me yndyrë dhe miell dhe piqeni në furrë të parangrohur në 180°C për 30 minuta derisa të piqet. Kur te jete ftohur e presim pandispanjen horizontalisht dhe bashkojme te dy gjysmat me mbushjen e pudingut.

Byrek Amerikan i Malit të Bardhë

Përgatit një tortë 23 cm

225 g / 8 oz / 1 filxhan gjalpë ose margarinë, i zbutur

450 g / 1 lb / 2 gota sheqer pluhur (shumë i imët)

3 vezë të rrahura lehtë

350 g / 12 oz / 3 filxhanë miell që ngrihet vetë

15 ml / 1 lugë gjelle pluhur pjekjeje

1,5 ml / ¼ lugë çaji kripë

250 ml / 8 ml oz / 1 filxhan qumësht

5 ml / 1 lugë esencë vanilje (ekstrakt)

5 ml / 1 lugë esencë bajame (ekstrakt)

Për mbushjen e limonit:
45 ml / 3 lugë miell misri (niseshte misri)

75 g / 3 oz / 1/3 filxhan sheqer pluhur (shumë i imët)

1,5 ml / ¼ lugë çaji kripë

300 ml / ½ pt / 1¼ filxhan qumësht

25 g / 1 oz / 2 lugë gjelle gjalpë ose margarinë

90 ml / 6 lugë lëng limoni

5 ml / 1 lugë gjelle lëvozhgë limoni të grirë

Për glazurën:
350 g / 12 oz / 1½ filxhan sheqer pluhur (shumë i hollë)

një majë kripë

2 te bardha veze

75 ml / 5 lugë gjelle ujë të ftohtë

15 ml / 1 lugë gjelle shurup ari (misër i lehtë)

5 ml / 1 lugë esencë vanilje (ekstrakt)

175 g / 6 oz / 1½ filxhan kokos të tharë (i copëtuar)

Rrahim gjalpin ose margarinën dhe sheqerin derisa të bëhet shkumë. Shtoni vezët pak nga pak. Përzieni miellin, pluhurin për pjekje dhe kripën dhe më pas shtoni kremin në mënyrë të alternuar me qumështin dhe esencat. Masën e derdhim në tre format e kekut të lyer me yndyrë dhe të rreshtuar (tabaka) 23 cm dhe e pjekim në furrë të parangrohur në 180°C për 30 minuta, derisa një hell i futur në qendër të dalë i pastër. Lëreni të ftohet.

Për mbushjen, përzieni miellin e misrit, sheqerin dhe kripën, më pas shtoni qumështin derisa të bashkohet. Shtoni gjalpin ose margarinën, të prerë në copa të vogla dhe rrihni në zjarr të ulët për rreth 2 minuta derisa të trashet. Shtoni lëngun dhe lëkurën e limonit. Lëreni të ftohet dhe të ftohet.

Për të bërë glazurën, bashkoni të gjithë përbërësit përveç esencës së vaniljes dhe kokosit në një enë rezistente ndaj nxehtësisë mbi një tenxhere me ujë të zier. Rrihni për rreth 5 minuta derisa të forcohet. Shtoni esencën e vaniljes dhe përzieni edhe për 2 minuta të tjera.

Për të mbledhur tortën, shpërndani gjysmën e mbushjes së limonit në shtresën bazë dhe spërkatni me 25 g / 1 oz / ¼ filxhan kokosit. Përsëriteni me shtresën e dytë. Përhapeni brymë sipër dhe anët e tortës dhe spërkateni me pjesën e mbetur të kokosit të grirë.

Byrek me dhallë amerikane

Përgatit një tortë 23 cm

100 g / 4 oz / ½ filxhan gjalpë ose margarinë, i zbutur

225 g / 8 oz / 1 filxhan sheqer pluhur (shumë i imët)

2 vezë të rrahura lehtë

5 ml / 1 lugë gjelle lëvozhgë limoni të grirë

5 ml / 1 lugë esencë vanilje (ekstrakt)

225 g / 8 oz / 2 gota miell që rritet vetë (maja)

5 ml / 1 lugë çaji pluhur pjekjeje

5 ml / 1 lugë çaji sodë buke (pluhur pjekje)

një majë kripë

250 ml / 8 ml oz / 1 filxhan dhallë

mbushje me limon

Rrahim gjalpin ose margarinën dhe sheqerin derisa të bëhet shkumë. Rrihni gradualisht vezët, më pas shtoni lëkurën e limonit dhe esencën e vaniljes. Përzieni miellin, pluhurin për pjekje, sodën dhe kripën, më pas shtoni masën në mënyrë alternative me dhallën. Rrihni derisa të jetë e qetë. Masën e derdhim në dy format e kekut të lyer me yndyrë dhe me miell dhe e pjekim në furrë të parangrohur në temperaturën 180°C/350°F/gaz 4 për 25 minuta derisa të piqet. Lërini të ftohen në tigane për 5 minuta përpara se t'i hiqni në një raft teli për të përfunduar ftohjen. Kur të jetë ftohur, vendoseni në një sanduiç së bashku me mbushjen e limonit.

Tortë me xhenxhefil me rum Karaibe

Prej saj bëjmë një kek 20 cm

50 g / 2 oz / ¼ filxhan gjalpë ose margarinë

120 ml / 4 ml oz / ½ filxhan melasa me rrip të zi

1 vezë e rrahur lehtë

60 ml / 4 lugë rum

100 g / 4 oz / 1 filxhan miell që ngrihet vetë

10 ml / 2 lugë çaji xhenxhefil të bluar

75 g / 3 oz / 1/3 filxhan sheqer kafe të butë

25 g xhenxhefil i kristalizuar (i sheqerosur), i bluar

Shkrini gjalpin ose margarinën me melasën në zjarr të ulët dhe më pas lëreni të ftohet pak. Shtoni pjesën tjetër të përbërësve për të bërë një brumë të butë. Hidheni në një tepsi (kallëp) unazë të lyer me yndyrë dhe të rreshtuar 20 cm dhe piqini në furrë të parangrohur në 200°C / 400°F / shenjën e gazit 6 për 20 minuta derisa të ngrihet mirë dhe të forcohet në prekje.

Sachertorte

Prej saj bëjmë një kek 20 cm

200 g / 7 oz / 1¾ filxhan çokollatë të thjeshtë (gjysmë e ëmbël)

8 vezë të ndara

100 g / 4 oz / ½ filxhan gjalpë pa kripë (i ëmbël), i shkrirë

2 te bardha veze

një majë kripë

150 g / 5 oz / 2/3 filxhan sheqer pluhur (shumë i imët)

Disa pika esencë vanilje (ekstrakt)

100 g / 4 oz / 1 filxhan miell për të gjitha përdorimet

Për ngrirjen (bricën):

150 g / 5 oz / 1¼ filxhan çokollatë të thjeshtë (gjysmë e ëmbël)

250 ml / 8 ml oz / 1 filxhan krem i rëndë (i lehtë)

175 g / 6 oz / ¾ filxhan sheqer pluhur (shumë i imët)

Disa pika esencë vanilje (ekstrakt)

1 vezë e rrahur

100 g / 4 oz / 1/3 filxhan reçel kajsie (e konservuar), e situr (e filtruar)

Shkrini çokollatën në një enë rezistente ndaj nxehtësisë të vendosur mbi një tenxhere me ujë. Hiqeni nga zjarri. Rrahim të verdhat e vezëve me gjalpin derisa të bëhen pak shkumë, më pas shtojmë çokollatën e shkrirë. Rrihni të bardhat e vezëve dhe kripën deri në maja të forta, më pas shtoni gradualisht sheqerin dhe thelbin e vaniljes dhe rrihni derisa të formohen maja të forta. Gradualisht shtoni në masën e çokollatës, më pas shtoni miellin. Masën e derdhim në dy tepsi (tebaka) të lyer me yndyrë dhe të rreshtuar 20 cm dhe e pjekim në furrë të parangrohur në 180°C për 45 minuta, derisa një hell i futur në qendër të dalë i pastër. Vendoseni në një raft teli dhe lëreni të ftohet.

Për glazurën shkrini çokollatën me kremin, sheqerin dhe esencën e vaniljes në zjarr mesatar dhe më pas ziejini për 5 minuta pa e përzier. Përzieni disa lugë gjelle nga masa e çokollatës me vezën, më pas shtoni çokollatën dhe gatuajeni duke e trazuar për 1 minutë. Hiqeni nga zjarri dhe lëreni të ftohet në temperaturën e dhomës.

Vendosni biskotat së bashku me reçelin e kajsisë në një sanduiç. E mbulojmë të gjithë tortën me glazurën e çokollatës dhe lëmojmë sipërfaqen me një shpatull ose shpatull. Lëreni të ftohet dhe më pas vendoseni në frigorifer për disa orë derisa të ngrihet bryma.

Tortë frutash me rum të Karaibeve

Prej saj bëjmë një kek 20 cm

450 g / 1 lb / 2 2/3 gota fruta të thata (përzierje për kek frutash)

225 g / 8 oz / 1 1/3 filxhan sulltane (rrush të thatë)

100 g / 4 oz / 2/3 filxhan rrush të thatë

100 g / 4 oz / 2/3 filxhan rrush pa fara

50 g / 2 oz / 1/4 filxhan qershi me lustër (të ëmbëlsuar)

300 ml / 1/2 pt / 1 1/4 filxhan verë të kuqe

225 g / 8 oz / 1 filxhan gjalpë ose margarinë, i zbutur

225 g / 8 oz / 1 filxhan sheqer kafe të butë

5 vezë të rrahura lehtë

10 ml / 2 lugë gjelle melasa me rrip të zi (melasa)

225 g / 8 oz / 2 gota miell për të gjitha përdorimet

50 g / 2 oz / 1/2 filxhan bajame të bluara

5 ml / 1 lugë çaji kanellë të bluar

5 ml / 1 lugë arrëmyshk i grirë

5 ml / 1 lugë esencë vanilje (ekstrakt)

300 ml / 1/2 pt / 1 1/4 filxhan rum

Hidhni të gjitha frutat dhe verën në një tenxhere dhe lërini të vlojnë. Ulni nxehtësinë në minimum, mbulojeni dhe lëreni të qëndrojë për 15 minuta, më pas hiqeni nga zjarri dhe lëreni të ftohet. Përzieni gjalpin ose margarinën dhe sheqerin derisa të bëhet shkumë, më pas shtoni gradualisht vezët dhe melasën. Shtoni përbërësit e thatë. Shtoni përzierjen e frutave, esencën e vaniljes dhe 45 ml/3 lugë rum. I vendosim në një formë keku të lyer me vaj dhe me rreshtim 20 cm dhe i pjekim në furrë të nxehur më parë në 160°C për 3 orë, derisa të rrudhen mirë dhe një hell i futur në qendër të dalë i pastër... Lëreni të ftohet në tigan për 10 minuta, më pas transferojeni në një raft teli për të përfunduar ftohjen. E shpojme kekun me nje hell te holle dhe hedhim rumin e mbetur, e mbeshtjellim me leter alumini dhe e leme te piqet sa me gjate.

Tortë daneze me gjalpë

Përgatit një tortë 23 cm

225 g / 8 oz / 1 filxhan gjalpë ose margarinë, të prerë në kubikë

175 g / 6 oz / 1½ filxhan miell për të gjitha përdorimet

40 g / 1½ oz maja e freskët ose 60 ml / 4 lugë maja e thatë

15 ml / 1 lugë gjelle sheqer të grimcuar

1 vezë e rrahur

½ sasi e mbushjes së pudingut danez

60 ml / 4 lugë gjelle sheqer pluhur (pastiçeri), i situr

45 ml / 3 lugë rrush pa fara

Fërkoni 100 g gjalpë ose margarinë në miell. Rrahim majanë dhe sheqerin e grirë, më pas shtojmë miellin dhe gjalpin me vezën dhe i përziejmë derisa të bëhet një brumë i butë. Mbulojeni dhe lëreni në një vend të ngrohtë derisa të dyfishohet në madhësi, rreth 1 orë.

E vendosim në një sipërfaqe të lyer me miell dhe e përziejmë mirë. Hapni një të tretën e brumit dhe vendosni pjesën e poshtme të një forme keku të lyer me yndyrë 23 cm me fund të lirë. Përhapeni mbi brumë mbushjen e kremës.

Hapeni brumin e mbetur në një drejtkëndësh prej përafërsisht. 5 mm / ¼ inç i trashë. Përzieni gjalpin ose margarinën e mbetur dhe sheqerin pluhur derisa të zbutet, më pas përzieni rrush pa fara, e shpërndani mbi brumë duke lënë një vrimë në skajet dhe më pas rrotullojeni nga ana e shkurtër. Pritini në feta dhe vendosini sipër mbushjes së pudingut. Mbulojeni dhe lëreni në një vend të ngrohtë për rreth 1 orë. E pjekim ne furre te parangrohur ne 230°C per 25-30 minuta derisa te skuqen dhe siper te marrin ngjyre te arte.

Kardamom është danez

Përgatit një kek 900 g

225 g / 8 oz / 1 filxhan gjalpë ose margarinë, i zbutur

225 g / 8 oz / 1 filxhan sheqer pluhur (shumë i imët)

3 vezë

350 g / 12 oz / 3 gota miell për të gjitha përdorimet

10 ml / 2 lugë lugë pluhur pjekjeje

10 fara kardamom, të grimcuara

150 ml / ¼ pt / 2/3 filxhan qumësht

45 ml / 3 lugë gjelle rrush të thatë

45 ml / 3 lugë gjelle lëvozhgë të përzier (të sheqerosur) të bluar

Rrahim gjalpin ose margarinën dhe sheqerin derisa të bëhet shkumë. Shtoni vezët pak nga pak duke i rrahur mirë pas çdo shtimi. Shtoni miellin, pluhurin për pjekje dhe kardamomin. Shtoni gradualisht qumështin, rrushin e thatë dhe lëkurën e përzier. Hidheni në një tepsi (kallëp) të lyer me yndyrë dhe të shtruar me 900 g dhe piqeni në furrë të parangrohur në 190°C për 50 minuta, derisa një hell i futur në qendër të dalë i pastër.

Gateau Pithiviers

Prej saj bëjmë një kek 25 cm

100 g / 4 oz / ½ filxhan gjalpë ose margarinë, i zbutur

100 g / 4 oz / ½ filxhan sheqer pluhur (shumë i imët)

1 vezë

1 e verdhe veze

100 g / 4 oz / 1 filxhan bajame të bluara

30 ml / 2 lugë rum

400 gr petë sfoliat

Për glazurën:

1 vezë e rrahur

30 ml / 2 lugë sheqer pluhur (për pastiçeri)

Rrahim gjalpin ose margarinën dhe sheqerin derisa të bëhet shkumë. Rrihni vezën dhe të verdhën, më pas përzieni bajamet dhe rumin, shtrini gjysmën e brumit (brumit) në një sipërfaqe të lyer lehtë me miell dhe prejeni në një rreth 23 cm. Vendoseni në një fletë pjekjeje të lagur (biskotë) dhe përhapni mbushjen mbi brumë brenda 1 cm nga buza. Hapeni brumin e mbetur dhe e prisni në një rreth 25 cm. Prisni një unazë 1 cm nga buza e këtij rrethi. Lyejeni skajin e fletës së brumit me ujë, më pas shtypni butësisht unazën në vend në buzë. Lyejeni me ujë dhe shtypni rrethin e dytë sipër, duke mbyllur skajet. Mbyllni dhe shënoni skajet. Lyejeni pjesën e sipërme me vezë të rrahur, më pas prisni një model me prerje radiale sipër me tehun e një thike. E pjekim në furrë të parangrohur në 220°C për 30 minuta derisa të skuqen dhe të marrin ngjyrë kafe të artë. Sipër e hedhim sheqer pluhur dhe e kthejmë në furrë për 5 minuta të tjera, derisa të jetë bosh. Shërbejeni të nxehtë ose të ftohtë.

torta e mbretit

Përgatit një tortë 18 cm

250 g / 9 oz / 2¼ filxhan miell për të gjitha përdorimet

5 ml / 1 lugë kripë

200 g / 7oz / me masë 1 filxhan gjalpë (i ëmbël) i pakripur, i prerë në kubikë

175 ml / 6 ml oz / ¾ filxhan ujë

1 vezë

1 e bardhe veze

Hidhni miellin dhe kripën në një tas, bëni një pus në mes. Shtoni 75 gr gjalpë, ujin dhe të gjithë vezën dhe përzieni derisa të bëhet një masë homogjene. Mbulojeni dhe lëreni për 30 minuta.

Hapeni brumin në një sipërfaqe të lyer pak me miell në një drejtkëndësh të gjatë. Lyeni dy të tretat e brumit me një të tretën e gjalpit të mbetur. Palosni brumin e pambuluar mbi gjalpë, më pas palosni brumin e mbetur mbi të. Mbyllni skajet dhe vendoseni në frigorifer për 10 minuta. Hapeni përsëri brumin dhe përsërisni me gjysmën e gjalpit të mbetur. Ftoheni, përhapeni dhe shtoni gjalpin e mbetur, më pas ftohuni për 10 minutat e fundit.

Hapeni brumin në një rreth 1/2,5 cm të trashë, rreth 18 cm në diametër. E vendosim në një tepsi të lyer me yndyrë, e lyejmë me të bardhë veze dhe e lëmë për 15 minuta. E pjekim ne furre te parangrohur ne 180°C per 15 minuta derisa te skuqen mire dhe te marrin ngjyre te arte.

krem karamel

Prej saj bëjmë një tortë 15 cm

Për karamelin:
100 g / 4 oz / ½ filxhan sheqer pluhur (shumë i imët)

150 ml / ¼ pt / 2/3 filxhan ujë

Për pudingun:
600 ml / 1 pt / 2½ filxhan qumësht

4 vezë të rrahura lehtë

15 ml / 1 lugë gjelle sheqer pluhur (shumë i imët)

1 portokall

Për të bërë karamelin, vendosni sheqerin dhe ujin në një tenxhere të vogël dhe shpërndajeni në zjarr të ulët. Lëreni të vlojë dhe ziejini pa e përzier për rreth 10 minuta derisa shurupi të marrë ngjyrë të artë. Hidheni në një enë sufle 15 cm dhe anoni enën në mënyrë që karameli të shkojë deri në fund.

Për të përgatitur pudingun ngrohim qumështin, më pas e hedhim sipër vezëve dhe sheqerit dhe e trazojmë mirë. Hidheni në pjatë. Vendoseni enën në një tavë (tepsi) me ujë të nxehtë që vjen deri në gjysmën e anëve të enës. E pjekim në furrë të parangrohur në 170°C/325°F/gaz 3 për 1 orë derisa të piqet. Lëreni të ftohet përpara se ta vendosni në një pjatë. Qëroni portokallin dhe priteni në feta horizontale, më pas priteni çdo fetë në gjysmë. Vendosni karamele përreth për të dekoruar.

Gugelhopf

Prej saj bëjmë një kek 20 cm

25 g / 1 oz maja e freskët ose 40 ml / 2½ lugë maja e thatë

120 ml / 4 ml oz / ½ filxhan qumësht të ngrohtë

100 g / 4 oz / 2/3 filxhan rrush të thatë

15 ml / 1 lugë gjelle rum

450 g / 1 lb / 4 gota miell të rëndë të thjeshtë (bukë).

5 ml / 1 lugë kripë

Një majë arrëmyshk të grirë

100 g / 4 oz / ½ filxhan sheqer pluhur (shumë i imët)

Lëkura e grirë e 1 limoni

175 g / 6 oz / ¾ filxhan gjalpë ose margarinë, të zbutur

3 vezë

100 g / 4 oz / 1 filxhan bajame të zbardhura

Sheqeri (e ëmbëlsirave) sheqer për fshirje

E trazojmë majanë me pak qumësht të ngrohtë dhe e lemë në një vend të ngrohtë për 20 minuta derisa të bëhet shkumë. Hidhni rrushin e thatë në një enë, spërkatni me rum dhe lërini të thithin. Në një enë hidhni miellin, kripën dhe arrëmyshkun, më pas shtoni sheqerin dhe lëkurën e limonit. Hapni një pus në qendër, derdhni masën e majave, qumështin e mbetur, gjalpin ose margarinën dhe vezët dhe përziejini për të formuar një brumë. Vendoseni në një enë të lyer me vaj, mbulojeni me letër të lyer me vaj (film plastik) dhe lëreni në një vend të ngrohtë për 1 orë derisa të dyfishohet në madhësi. Rreshtoni bujarisht një tepsi gugelhopf (tub të ndarë) 20 cm dhe vendosni bajamet në fund. Ziejmë rrushin e thatë dhe rumin në brumë dhe përziejmë mirë. Hidheni masën në kallëp, mbulojeni dhe lëreni në një vend të ngrohtë për 40 minuta. derisa brumi pothuajse të dyfishohet në vëllim dhe të arrijë në majë të tavës. E pjekim ne furre te parangrohur ne 200°C per 45 minuta deri sa te behet nje hell, që futet në mes, del i pastër. Deri në fund të pjekjes, mbulojeni me letër pjekjeje të dyfishtë nëse keku skuqet shumë. E fikim dhe e lëmë të ftohet, më pas e spërkasim me sheqer pluhur.

Çokollatë luksoze Gugelhopf

Prej saj bëjmë një kek 20 cm

25 g / 1 oz maja e freskët ose 40 ml / 2½ lugë maja e thatë

120 ml / 4 ml oz / ½ filxhan qumësht të ngrohtë

50 g / 2 oz / 1/3 filxhan rrush të thatë

50 g / 2 oz / 1/3 filxhan rrush pa fara

25 g / 1 oz / 3 lugë gjelle lëvozhgë të përzier (të ëmbëlsuar) të copëtuar

15 ml / 1 lugë gjelle rum

450 g / 1 lb / 4 gota miell të rëndë të thjeshtë (bukë).

5 ml / 1 lugë kripë

5 ml / 1 lugë çaji të grirë për të gjitha përdorimet

Një majë xhenxhefil të bluar

100 g / 4 oz / ½ filxhan sheqer pluhur (shumë i imët)

Lëkura e grirë e 1 limoni

175 g / 6 oz / ¾ filxhan gjalpë ose margarinë, të zbutur

3 vezë

Për veshjen:

60 ml / 4 lugë gjelle reçel kajsie (e konservuar), e situr (e filtruar)

30 ml / 2 lugë gjelle ujë

100 g / 4 oz / 1 filxhan çokollatë e thjeshtë (gjysmë e ëmbël)

50 g / 2 oz / ½ filxhan thekon bajame (të prera), të thekura

E trazojmë majanë me pak qumësht të ngrohtë dhe e lemë në një vend të ngrohtë për 20 minuta derisa të bëhet shkumë. Hidhni rrushin e thatë, rrush pa fara dhe lëkurat në një tas, spërkatni me rum dhe lërini të piqen. Në një enë hidhni miellin, kripën dhe erëzat, më pas shtoni sheqerin dhe lëkurën e limonit. Hapni një pus në qendër, derdhni masën e majave, qumështin e mbetur dhe vezën dhe përziejini që të formohet një brumë. Vendoseni në një enë të lyer me vaj, mbulojeni me letër të lyer me vaj (film plastik) dhe lëreni në një vend të ngrohtë për 1 orë derisa të dyfishohet në madhësi. Ziejmë frutat dhe rumin në brumë dhe përziejmë mirë. Masën e derdhim në një tepsi gugelhopf 20 cm, të lyer mirë me gjalpë (tepikë e përthyer për tuba), e mbulojmë dhe e lëmë të rritet në një vend të ngrohtë për 40 minuta, derisa vëllimi i brumit të dyfishohet pothuajse. dhe ngrihet në majë të kallëpit. Piqeni në furrë të parangrohur në 200°C për 45 minuta, derisa një hell i futur në qendër të dalë i pastër. Nëse keku skuqet shumë, mbulojeni me letër thithëse të dyfishtë deri në fund të pjekjes. Fikeni dhe lëreni të ftohet.

Ngroheni reçelin me ujin dhe përzieni derisa të përzihet mirë. Lyeni tortën me gjalpë. Shkrini çokollatën në një enë rezistente ndaj nxehtësisë të vendosur mbi një tenxhere me ujë. E përhapim mbi tortë dhe shtypim bajamet e grira në fund përpara se të vendoset çokollata.

I vjedhur

Përgatit tre ëmbëlsira 350 g

15 g / ½ oz maja e freskët ose 20 ml / 4 lugë çaji maja e thatë

15 ml / 1 lugë gjelle sheqer pluhur (shumë i imët)

120 ml / 4 ml oz / ½ filxhan ujë të ngrohtë

25 g / 1 oz / ¼ filxhan miell të fortë (bukë).

Për brumin e frutave:
450 g / 1 lb / 4 gota miell të rëndë të thjeshtë (bukë).

5 ml / 1 lugë kripë

75 g / 3 oz / 1/3 filxhan sheqer demerara

1 vezë e rrahur lehtë

225 g / 8 oz / 11/3 filxhan rrush të thatë

30 ml / 2 lugë rum

50 g / 2 oz / 1/3 filxhan lëvozhgë të përzier (të ëmbëlsuar), të copëtuar

50 g / 2 oz / ½ filxhan bajame të bluara

5 ml / 1 lugë çaji kanellë të bluar

100 g / 4 oz / ½ filxhan gjalpë ose margarinë, të shkrirë

175 g / 6 oz pastë bajame

Për glazurën:
1 vezë e rrahur lehtë

75 g / 3 oz / 1/3 filxhan sheqer pluhur (shumë i imët)

90 ml / 6 lugë gjelle ujë

50 g / 2 oz / ½ filxhan thekon bajame (të prera)

Sheqeri (e ëmbëlsirave) sheqer për fshirje

Për përzierjen e majave, përzieni majanë dhe sheqerin me ujin e ngrohtë dhe miellin në masë. Lëreni në një vend të ngrohtë për 20 minuta derisa të bëhet shkumë.

Për brumin e frutave hidhni miellin dhe kripën në një enë, shtoni sheqerin dhe bëni një pus në mes. Shtoni vezën në masën e majave dhe përziejeni derisa të jetë homogjene. Shtoni rrushin e thatë, rumin, lëvozhgën e përzier, bajamet e bluara dhe kanellën dhe gatuajeni derisa të kombinohen mirë dhe të jenë të lëmuara. Vendoseni në një enë të lyer me vaj, mbulojeni me letër të lyer me yndyrë (mbështjellës plastik) dhe lëreni të pushojë në një vend të ngrohtë për 30 minuta.

Ndani brumin në tre dhe hapni drejtkëndëshat përafërsisht. 1 cm/½ trashësi. Lyejeni sipër me gjalpë. Masën e bajameve e ndajmë në të tretat dhe e rrotullojmë në formë sallami. Vendosni një në qendër të çdo drejtkëndëshi dhe palosni brumin sipër. Kthejeni nga ana e tegelit poshtë dhe vendoseni në një tepsi (torte) të lyer me yndyrë. E lyejmë me të verdhën e vezës, e mbulojmë me folie të lyer me vaj (folje) dhe e lëmë të ngrihet në një vend të ngrohtë për 40 minuta derisa të dyfishohet në masë.

E pjekim në furrë të parangrohur në 220°C deri në kafe të artë për 30 minuta.

Ndërkohë zieni sheqerin dhe ujin për 3 minuta derisa të përftohet një shurup i trashë. Lyejeni me furçë sipër çdo stollen me shurup dhe spërkatni me bajame të grira dhe sheqer pluhur.

bajame stollen

Bën dy bukë 450 gr

15 g / ½ oz maja e freskët ose 20 ml / 4 lugë çaji maja e thatë

50 g / 2 oz / ¼ filxhan sheqer pluhur (shumë i imët)

300 ml / ½ pt / 1¼ filxhan qumësht të ngrohtë

1 vezë

Lëkura e grirë e 1 limoni

Një majë arrëmyshk të grirë

450 g / 1 lb / 4 gota miell për të gjitha përdorimet

një majë kripë

100 g / 4 oz / 2/3 filxhan lëvozhgë të përzier (të ëmbëlsuar), të copëtuar

175 g / 6 oz / 1½ filxhan bajame të copëtuara

50 g / 2 oz / ¼ filxhan gjalpë ose margarinë, të shkrirë

75 g / 3 oz / ½ filxhan sheqer ëmbëlsirash, i situr, për pluhurosje

Majanë e përziejmë me 5 ml/1 lugë çaji sheqer dhe pak qumësht të ngrohtë dhe e lëmë në një vend të ngrohtë për 20 minuta derisa të bëhet shkumë. Rrihni vezët me sheqerin e mbetur, lëkurën e limonit dhe arrëmyshkun, më pas rrihni masën e majave me miellin e mbetur, kripën dhe qumështin e ngrohtë dhe përziejini derisa të jetë homogjene. Vendoseni në një enë të lyer me vaj, mbulojeni me letër të lyer me yndyrë (mbështjellës plastik) dhe lëreni të pushojë në një vend të ngrohtë për 30 minuta.

Përzieni lëvozhgën dhe bajamet e përziera së bashku, mbulojeni përsëri dhe lëreni në një vend të ngrohtë për 30 minuta derisa të dyfishohen në madhësi.

Ndani brumin në gjysmë. Rrotulloni gjysmën e saj në një formë sallami 12/30 cm, shtypeni në qendër të petëzimit për ta zhytur, palosni njërën anë për së gjati dhe shtypeni butësisht. Përsëriteni me gjysmën tjetër. Vendoseni në një tepsi të lyer me vaj dhe rreshtim, mbulojeni me letër të lyer me vaj (film plastik) dhe lëreni në një vend të ngrohtë për 25 minuta derisa të dyfishohet në madhësi. E pjekim në furrë të parangrohur në 200°C/400°F/gaz 6 për 1 orë, derisa të marrin ngjyrë kafe të artë dhe një hell i futur në qendër të dalë i pastër. E lyejmë bukën e ngrohtë me gjalpë të shkrirë dhe e spërkasim me sheqer pluhur.

fëstëk i vjedhur

Bën dy bukë 450 gr

15 g / ½ oz maja e freskët ose 20 ml / 4 lugë çaji maja e thatë

50 g / 2 oz / ¼ filxhan sheqer pluhur (shumë i imët)

300 ml / ½ pt / 1¼ filxhan qumësht të ngrohtë

1 vezë

Lëkura e grirë e 1 limoni

Një majë arrëmyshk të grirë

450 g / 1 lb / 4 gota miell për të gjitha përdorimet

një majë kripë

100 g / 4 oz / 2/3 filxhan lëvozhgë të përzier (të ëmbëlsuar), të copëtuar

100 g / 4 oz / 1 filxhan fëstëkë, të copëtuar

100 g / 4 oz pastë bajame

15 ml / 1 lugë gjelle liker maraschino

50 g / 2 oz / 1/3 filxhan sheqer ëmbëlsirash, i situr

Për veshjen:

50 g / 2 oz / ¼ filxhan gjalpë ose margarinë, të shkrirë

75 g / 3 oz / ½ filxhan sheqer ëmbëlsirash, i situr, për pluhurosje

Majanë e përziejmë me 5 ml/1 lugë çaji sheqer dhe pak qumësht të ngrohtë dhe e lemë në një vend të ngrohtë për 20 minuta derisa të bëhet shkumë. Rrihni vezët me sheqerin e mbetur, lëkurën e limonit dhe arrëmyshkun, më pas rrihni masën e majave me miellin e mbetur, kripën dhe qumështin e ngrohtë dhe përziejini derisa të jetë homogjene. Vendoseni në një enë të lyer me vaj, mbulojeni me letër të lyer me yndyrë (mbështjellës plastik) dhe lëreni të pushojë në një vend të ngrohtë për 30 minuta.

Ziejmë lëvozhgën e përzier dhe fistikët, e mbulojmë sërish dhe e lëmë të ngrihet në një vend të ngrohtë për 30 minuta derisa të dyfishohen në masë. Përpunoni purenë e bajameve, likerin dhe sheqerin pluhur në formë paste, hapeni në një trashësi prej 1 cm dhe priteni në kubikë. Punojeni brumin në mënyrë që kubet të mbeten të plota.

Ndani brumin në gjysmë. Rrotulloni gjysmën e saj në një formë sallami 12/30 cm, shtypeni në qendër të petëzimit për ta zhytur, palosni njërën anë për së gjati dhe shtypeni butësisht. Përsëriteni me gjysmën tjetër. Vendoseni në një tepsi të lyer me vaj dhe rreshtim, mbulojeni me letër të lyer me vaj (film plastik) dhe lëreni në një vend të ngrohtë për 25 minuta derisa të dyfishohet në madhësi. E pjekim në furrë të parangrohur në 200°C/400°F/gaz 6 për 1 orë, derisa të marrin ngjyrë kafe të artë dhe një hell i futur në qendër të dalë i pastër. E lyejmë bukën e ngrohtë me gjalpë të shkrirë dhe e spërkasim me sheqer pluhur.

bakllava

Shërben 24

450 g / 1 lb / 2 gota sheqer pluhur (shumë i imët)

300 ml / ½ pt / 1¼ filxhan ujë

5 ml / 1 lugë çaji lëng limoni

30 ml / 2 lugë gjelle ujë trëndafili

350 g / 12 oz / 1½ filxhan gjalpë të pakripur (të ëmbël), i shkrirë

450 g / 1 lb brumë filo (makarona)

675 g / 1½ lb / 6 gota bajame, të grira hollë

Për të përgatitur shurupin, shpërndani sheqerin në ujë në zjarr të ulët, duke e përzier herë pas here. Shtoni lëngun e limonit dhe lëreni të vlojë. Gatuani për 10 minuta derisa të bëhet shurup, më pas shtoni ujin e trëndafilit dhe lëreni të ftohet, më pas vendoseni në frigorifer.

Lyejmë një tavë të madhe me gjalpë të shkrirë. Vendosni gjysmën e fletëve të filos në tepsi, lyeni secilën me gjalpë. Palosni skajet për të mbajtur mbushjen. Sipër spërkatni bajamet. Vazhdoni të shtroni pjesën tjetër të brumit, duke e lyer çdo fletë me gjalpë të shkrirë. Lyejeni sipër me gjalpë. Presim brumin në toptha me gjerësi rreth 5 cm. E pjekim në furrë të parangrohur në 180°C për 25 minuta derisa të bëhet e freskët dhe të marrë ngjyrë kafe të artë. Hidhni sipër shurupin e ftohtë dhe lëreni të ftohet.

Udhëtim stresi hungarez

Shërben 16

25 g / 1 oz maja e freskët ose 40 ml / 2½ lugë maja e thatë

15 ml / 1 lugë gjelle sheqer kaf të butë

300 ml / ½ pt / 1¼ filxhan ujë të ngrohtë

15 ml / 1 lugë gjelle gjalpë ose margarinë

450 g / 1 lb / 4 gota miell gruri integral (kokrra integrale)

15 ml / 1 lugë gjelle qumësht pluhur (qumësht i skremuar pluhur)

5 ml / 1 lugë erëz të bluar të përzier (tortë me mollë)

2,5 ml / ½ lugë kripë

1 vezë

175 g / 6 oz / 1 filxhan rrush pa fara

100 g / 4 oz / 2/3 filxhan sulltana (rrush të thatë)

50 g / 2 oz / 1/3 filxhan rrush të thatë

50 g / 2 oz / 1/3 filxhan lëvozhgë të përzier (të ëmbëlsuar), të copëtuar

Për veshjen:

75 g / 3 oz / ¾ filxhan miell gruri të plotë (gruri i plotë)

50 g / 2 oz / ¼ filxhan gjalpë ose margarinë, të shkrirë

75 g / 3 oz / 1/3 filxhan sheqer kafe të butë

25 g / 1 oz / ¼ filxhan fara susami

Për mbushjen:

50 g / 2 oz / ¼ filxhan sheqer kafe të butë

50 g / 2 oz / ¼ filxhan gjalpë ose margarinë, të zbutur

50 g / 2 oz / ½ filxhan bajame të bluara

2,5 ml / ½ lugë arrëmyshk i grirë

25 g / 2 oz / 1/3 filxhan kumbulla të thata pa kokrra, të copëtuara

1 vezë e rrahur

Përzieni majanë dhe sheqerin me pak ujë të ngrohtë dhe lëreni të shkumëzojë për 10 minuta në një vend të ngrohtë. Thërrmoni gjalpin ose margarinën me miellin, më pas shtoni qumështin e thatë, përzierjen e erëzave dhe kripën, duke bërë një pus në qendër. Shtoni vezën, përzierjen e majave dhe ujin e mbetur të ngrohtë dhe përzieni në brumë. Ziejeni derisa të jetë e qetë dhe elastike. Pure rrush pa fara, rrush të thatë, rrush të thatë dhe lëkurë të përzier. Vendoseni në një enë të lyer me vaj, mbulojeni me letër të lyer me vaj (mbështjellës plastik) dhe lëreni në një vend të ngrohtë për 1 orë.

Përziejini përbërësit për majë derisa të jenë të thërrmuara. Për mbushjen, përzieni gjalpin ose margarinën dhe sheqerin, më pas përzieni bajamet dhe arrëmyshkun dhe hapeni brumin në një drejtkëndësh të madh, me trashësi afërsisht 1 cm. E lyejmë me mbushjen dhe e spërkasim me kumbulla të thata. Rrotulloni si role zvicerane (xhelatinë), lyeni skajet me të verdhë veze për t'u mbyllur. E presim në feta 1/2,5 cm dhe e vendosim në një tepsi të sheshtë të lyer me yndyrë. Lyejeni me të verdhën e vezës dhe spërkatni me majë. Mbulojeni dhe lëreni në një vend të ngrohtë për 30 minuta. E pjekim në furrë të parangrohur në 220°C/425°F/gaz 7 për 30 minuta.

Panfort

Përgatit një tortë 23 cm

175 g / 6 oz / ¾ filxhan sheqer të grimcuar

175 g / 6 oz / ½ filxhan mjaltë të lehtë

100 g / 4 oz / 2/3 filxhan fiq të thatë, të copëtuar

100 g / 4 oz / 2/3 filxhan lëvozhgë të përzier (të ëmbëlsuar), të copëtuar

50 g / 2 oz / ¼ filxhan qershi me glazurë (të ëmbëlsuar), të copëtuara

50 g / 2 oz / ¼ filxhan ananas me xham (të sheqerosur), i copëtuar

175 g / 6 oz / 1½ filxhan bajame të zbardhura, të copëtuara trashë

100 g / 4 oz / 1 filxhan arra, të prera në mënyrë të trashë

100 g / 4 oz / 1 filxhan lajthi, të prera në mënyrë të trashë

50 g / 2 oz / ½ filxhan miell për të gjitha përdorimet

25 g / 1 oz / ¼ filxhan pluhur kakao (çokollatë pa sheqer)

5 ml / 1 lugë çaji kanellë të bluar

Një majë arrëmyshk të grirë

15 ml / 1 lugë gjelle sheqer pluhur (pastiçeri), i situr

Shpërndani sheqerin e grimcuar në mjaltë në një tenxhere në zjarr të ulët. Lëreni të vlojë dhe gatuajeni për 2 minuta në një shurup të trashë. Përzieni frutat dhe arrat, më pas shtoni miellin, kakaon dhe erëzat. Shtoni shurupin. Hedhim masën në një tepsi (kallëp) për sanduiç të lyer me yndyrë 23 cm të veshur me letër orizi. E pjekim në furrë të parangrohur në 180°C/350°F/gaz 4 për 45 minuta. Lëreni të ftohet në tigan për 15 minuta, më pas kaloni në një raft teli për tu ftohur. Spërkateni me sheqer pluhur përpara se ta shërbeni.

Tortë me fjongo brumi

Përgatit një tortë 23 cm

300 g / 11 oz / 2¾ gota miell për të gjitha përdorimet

50 g / 2 oz / ¼ filxhan gjalpë ose margarinë, të shkrirë

3 vezë të rrahura

një majë kripë

225 g / 8 oz / 2 gota bajame të copëtuara

200 g / 7 oz / e vogël 1 filxhan sheqer pluhur (shumë i imët)

Lëkurë e grirë dhe lëng 1 limoni

90 ml / 6 lugë gjelle kirsch

Hidhni miellin në një tas dhe bëni një pus në mes. Shtoni gjalpin, vezën dhe kripën dhe përzieni derisa të jetë e qetë. Hapeni hollë dhe priteni në shirita të ngushtë. Përzieni bajamet, sheqerin dhe lëkurën e limonit. Lyejmë një format (formë) për kek 23 cm dhe e spërkasim me miell. Në fund të kallëpit vendosim një shtresë brezi brumi, e spërkasim me pak përzierje bajamesh dhe e spërkasim me pak fletë brumi. Vazhdoni shtresimin duke përfunduar me një shtresë brumi. E mbulojmë me letër absorbuese dhe e pjekim në temperaturën 180°C/350°F/gaz 4 për 1 orë. Rrotulloni me kujdes dhe shërbejeni të nxehtë ose të ftohtë.

Tortë italiane me oriz me Grand Marnier

Prej saj bëjmë një kek 20 cm

1,5 litra / 2½ pt / 6 gota qumësht

një majë kripë

350 g / 12 oz / 1½ filxhan arborio ose oriz tjetër me kokërr mesatare

Lëkura e grirë e 1 limoni

60 ml / 4 lugë sheqer pluhur (shumë i imët)

3 vezë

25 g / 1 oz / 2 lugë gjelle gjalpë ose margarinë

1 e verdhe veze

30 ml / 2 lugë gjelle lëvozhgë të përzier (të sheqerosur) të bluar

225 g / 8 oz / 2 gota bajame të prera në feta (të thekura), të thekura

45 ml / 3 lugë gjelle Grand Marnier

30 ml / 2 lugë gjelle bukë të thatë

Zieni qumështin dhe kripën në një tigan të trashë, shtoni orizin dhe lëkurën e limonit, mbulojeni dhe ziejini për 18 minuta duke i përzier herë pas here. Hiqeni zjarrin, shtoni sheqerin, vezët dhe gjalpin ose margarinën dhe lëreni të ftohet. Përzieni së bashku të verdhat e vezëve, lëvozhgën e përzier, arrat dhe Grand Marnier. Lyejmë një format (formë) për kek 20 cm dhe e spërkasim me thërrime buke. Hedhim masën në tepsi dhe e pjekim në furrë të parangrohur në 150°C për 45 minuta, derisa një hell i futur në qendër të dalë i pastër. Lëreni të ftohet në tigan, më pas hiqeni nga tigani dhe shërbejeni të ngrohtë.

Tortë me kërpudha siciliane

Bën një tortë prej 23 x 9 cm / 7 x 3½

450 g / 1 lb kek Madeira

Për mbushjen:

450 g / 1 lb / 2 gota djathë ricotta

50 g / 2 oz / ¼ filxhan sheqer pluhur (shumë i imët)

30 ml / 2 lugë krem të dyfishtë (i rëndë)

30 ml / 2 lugë gjelle lëvozhgë të përzier (të sheqerosur) të bluar

15 ml / 1 lugë gjelle bajame të grira

30 ml / 2 lugë liker me shije portokalli

50 g / 2 oz / ½ filxhan çokollatë e thjeshtë (gjysmë e ëmbël), e grirë

Për ngrirjen (bricën):

350 g / 12 oz / 3 filxhanë çokollatë të thjeshtë (gjysmë e ëmbël)

175 ml / 6 ml oz / ¾ filxhan kafe të zezë të fortë

225 g / 8 oz / 1 filxhan gjalpë pa kripë ose margarinë (e ëmbël)

Pritini kërpudhat për së gjati në feta 1 cm/½. Për mbushjen, shtypni rikotën në një sitë (sitë) dhe përziejeni derisa të jetë homogjene. Përzieni sheqerin, ajkën, kremin e rrahur, bajamet, likerin dhe çokollatën derisa të bëhet shkumë. Vendosni shtresat e kekut dhe përzierjen e rikotës në një tepsi të veshur me petë 450 g/1 lb, më pas përfundoni me një shtresë keku. Palosni petë sipër dhe lëreni në frigorifer për 3 orë derisa të bllokohet.

Për të përgatitur glazurën, shkrini çokollatën dhe kafenë në një tas të vendosur mbi ujë të nxehtë. Përzieni gjalpin ose margarinën dhe vazhdoni t'i rrihni derisa të bëhet një masë homogjene. Lëreni të ftohet në një konsistencë të trashë.

E heqim tortën nga folia dhe e vendosim në pjatën e servirjes. Fryni ose shpërndani kremin sipër dhe anëve të tortës, duke e trazuar me pirun nëse është e nevojshme. Ftojeni fort.

Tortë italiane me rikota

Prej saj bëjmë një kek 25 cm

Për salcën:

225 g / 8 oz mjedra

250 ml / 8 ml oz / 1 filxhan ujë

50 g / 2 oz / ¼ filxhan sheqer pluhur (shumë i imët)

30 ml / 2 lugë gjelle miell misri (niseshte misri)

Për mbushjen:

450 g / 1 lb / 2 gota djathë ricotta

225 g / 8 oz / 1 filxhan krem djathi

75 g / 3 oz / 1/3 filxhan sheqer pluhur (shumë i imët)

5 ml / 1 lugë esencë vanilje (ekstrakt)

Lëkura e grirë e 1 limoni

Lëkura e grirë e 1 portokalli

Një tortë me ushqim engjëlli 25 cm

Për të bërë salcën, përzieni përbërësit derisa të bëhet një masë homogjene, më pas hidhini në një tenxhere të vogël dhe gatuajeni, duke e trazuar, në zjarr mesatar derisa salca të trashet dhe të vlojë. Kullojeni dhe hidhni farat nëse dëshironi. Mbulojeni dhe vendoseni në frigorifer.

Për të përgatitur mbushjen, përzieni mirë të gjithë përbërësit.

Presim tortën horizontalisht në tre shtresa dhe vendosim dy të tretat e mbushjes në sanduiç, pjesën tjetër e shtrojmë sipër. Mbulojeni dhe vendoseni në frigorifer derisa ta servirni me salcën e derdhur sipër.

Tortë italiane me makarona

Përgatit një tortë 23 cm

225 g / 8 oz makarona

4 vezë të ndara

200 g / 7 oz / e vogël 1 filxhan sheqer pluhur (shumë i imët)

225 g / 8 oz djathë rikota

2,5 ml / ½ lugë çaji kanellë të bluar

2,5 ml / ½ lugë çaji karafil të grimcuar

një majë kripë

50 g / 2 oz / ½ filxhan miell për të gjitha përdorimet

50 g / 2 oz / 1/3 filxhan rrush të thatë

45 ml / 3 lugë mjaltë i lehtë

Krem i vetëm (i lehtë) ose i dyfishtë (i rëndë) për servirje

Zieni një tenxhere të madhe me ujë, shtoni makaronat dhe ziejini për 2 minuta. Kullojeni dhe shpëlajeni me ujë të ftohtë. Rrahim të verdhat e vezëve me sheqerin derisa të bëhen shkumë. Përzieni rikotën, kanellën, karafilin dhe kripën, më pas shtoni miellin. Shtoni rrushin e thatë dhe makaronat. Rrihni të bardhat e vezëve derisa të jenë të forta, më pas futini në masën e kekut. Hidheni në një format (kallëp) për kek të lyer me vaj dhe të shtruar 23 cm dhe piqeni në furrë të parangrohur në 200°C për 1 orë derisa të marrin ngjyrë kafe të artë. Ngroheni me kujdes mjaltin dhe e hidhni mbi pandispanjen e ngrohtë. Shërbejeni të ngrohtë me krem.

Tortë italiane me maskarpone me arra

Përgatit një tortë 23 cm

450 gr petë sfoliat

175 g / 6 oz / ¾ filxhan djathë mascarpone

50 g / 2 oz / ¼ filxhan sheqer pluhur (shumë i imët)

30 ml / 2 lugë gjelle reçel kajsie (rezervë)

3 te verdha veze

50 g / 2 oz / ½ filxhan arra, të copëtuara

100 g / 4 oz / 2/3 filxhan lëvozhgë të përzier (të ëmbëlsuar), të copëtuar

Lëkura e grirë imët e 1 limoni

Sheqer pluhur (e pasticerie), i situr, per pluhurosje

Hapeni brumin dhe vendosni gjysmën e tij një formë të sheshtë (formë) të lyer me yndyrë 23 cm. Maskarponen e përziejmë me sheqerin, reçelin dhe 2 të verdhat e vezëve derisa të bëhet shkumë. Rezervoni 15 ml/1 lugë gjelle arra për zbukurim, më pas përzieni pjesën tjetër me lëkurën e përzier dhe lëkurën e limonit. Hidheni në tepsi për kek (formë keku). Mbulojeni mbushjen me brumin e mbetur (brumi), më pas lagni dhe mbyllni skajet. Rrihni të verdhën e mbetur të vezës dhe përhapeni sipër. Piqeni në furrë të nxehur më parë në 200°C për 35 minuta derisa të skuqen dhe të marrin ngjyrë kafe të artë. I spërkasim me arra të rezervuara dhe i spërkasim me sheqer pluhur.

Byrek holandez me mollë

Për 8 racione

150 g / 5 oz / 2/3 filxhan gjalpë ose margarinë

225 g / 8 oz / 2 gota miell për të gjitha përdorimet

5 ml / 1 lugë çaji pluhur pjekjeje

2 vezë të ndara

10 ml / 2 lugë çaji lëng limoni

900 gr mollë gatimi (byrek), të qëruara, të prera dhe të prera në feta

175 g / 6 oz / 1 filxhan kajsi të thata të gatshme për t'u ngrënë, të prera

100 g / 4 oz / 2/3 filxhan rrush të thatë

30 ml / 2 lugë gjelle ujë

5 ml / 1 lugë çaji kanellë të bluar

50 g / 2 oz / ½ filxhan bajame të bluara

Fërkoni gjalpin ose margarinën në miell dhe pluhur pjekjeje derisa përzierja të ngjajë me thërrimet e bukës. Shtoni të verdhën e vezës dhe 5 ml / 1 lugë çaji lëng limoni dhe përzieni derisa të jetë homogjene. Hapni dy të tretat e brumit (brumi) dhe shtroni një formë keku të lyer me yndyrë 9/23 cm.

Vendosni fetat e mollës, kajsitë dhe rrushin e thatë në një tenxhere me lëngun e mbetur të limonit dhe ujin. Ziejini për 5 minuta, më pas kullojini. Hidhni frutat në formatin e tortës. Përzieni kanellën dhe bajamet e bluara dhe spërkatni sipër. Hapeni brumin e mbetur dhe vendosni një kapak për tortën. E mbulojmë buzën me pak ujë, sipër e lyejmë me të bardhë veze. Në një furrë të parangrohur në 180°C, shënoni gazin 4 për përafërsisht. Piqni për 45 minuta derisa të forcohet dhe të marrë ngjyrë kafe të artë.

torte normale norvegjeze

Prej saj bëjmë një kek 25 cm

225 g / 8 oz / 1 filxhan gjalpë ose margarinë, i zbutur

275 g / 10 oz / 1¼ filxhan sheqer pluhur (shumë i imët)

5 vezë

175 g / 6 oz / 1½ filxhan miell për të gjitha përdorimet

7,5 ml / 1½ lugë e vogël pluhur pjekjeje

një majë kripë

5 ml / 1 lugë esencë bajame (ekstrakt)

Përziejini mirë gjalpin ose margarinën dhe sheqerin. Shtoni gradualisht vezët duke i rrahur mirë pas çdo shtimi. Përzieni miellin, pluhurin për pjekje, kripën dhe thelbin e bajames në shkumë. Hidheni në një formë keku 25 cm të palyer me yndyrë dhe piqini në një furrë të parangrohur në 160°C / 320°F / pikë gazi 3 për 1 orë derisa të piqet. Lëreni të ftohet në tigan për 10 minuta përpara se ta vendosni në një raft teli për të përfunduar ftohjen.

Tortë me kurorë norvegjeze

Prej saj bëjmë një kek 25 cm

450 g / 1 lb / 4 gota bajame të bluara

100 g / 4 oz / 1 filxhan bajame të hidhura të bluara

450 g / 1 lb / 2 2/3 filxhan sheqer pluhur (embëlsira)

3 te bardha veze

                    Për ngrirjen (bricën):
75 g / 3 oz / ½ filxhan sheqer pluhur (embëlsira)

½ e bardha veze

2,5 ml / ½ lugë çaji lëng limoni

Përzieni bajamet dhe sheqerin pluhur në një tigan. Shtoni një të bardhë veze dhe lëreni përzierjen të vakët në zjarr të ulët. Hiqeni nga zjarri dhe përzieni të bardhat e mbetura të vezëve dhe vendoseni përzierjen në një qese tubacioni të pajisur me një hundë (majë) me flakë 1 cm/½ inç. Dhe vendosni një spirale prej 25 cm. diametri i një tepsie të lyer me yndyrë (për biskota). Vazhdoni të rrotulloni, secili 5 mm më i vogël se ai i mëparshmi, derisa të keni një rreth 5 cm. Piqeni në furrë të parangrohur në 150°C / 300°F / shenjën e gazit 2 për përafërsisht. 15 minuta derisa të marrin ngjyrë kafe të artë. Ndërsa janë ende të ngrohta, vendosni ato për të formuar një kullë.

Përziejini përbërësit për kremin dhe përdorni një grykë të imët për të vizatuar vija zigzag mbi tortë.

Biskota portugeze kokosi

12 më parë

4 vezë të ndara

450 g / 1 lb / 2 gota sheqer pluhur (shumë i imët)

450 g / 1 lb / 4 gota arrë kokosi të tharë (i copëtuar)

100 g / 4 oz / 1 filxhan miell orizi

50 ml / 2 ml oz / 3½ lugë gjelle ujë trëndafili

1,5 ml / ¼ lugë çaji kanellë të bluar

1,5 ml / ¼ lugë çaji kardamom i bluar

Një majë karafil të bluar

Një majë arrëmyshk të grirë

25 g / 1 oz / ¼ filxhan bajame të grira (të prera)

Rrihni të verdhat e vezëve dhe sheqerin derisa të bëhen shkumë. Shtoni kokosin, më pas shtoni miellin. Shtoni ujë trëndafili dhe erëza. Rrihni të bardhat e vezëve në një shkumë të fortë dhe më pas përzieni në masë. Hidhni në një tavë katrore të lyer me yndyrë 25 cm dhe sipër spërkatni bajamet. Piqeni në furrë të parangrohur në 180°C për 50 minuta, derisa një hell i futur në qendër të dalë i pastër. Lëreni të ftohet në tigan për 10 minuta, më pas priteni në katrorë.

Tortë skandinave Tosca

Përgatit një tortë 23 cm

2 vezë

150 g / 5 oz / 2/3 filxhan sheqer kafe të butë

50 g / 2 oz / ¼ filxhan gjalpë ose margarinë, të shkrirë

10 ml / 2 lugë e vogël lëvozhgë portokalli të grirë

150 g / 5 oz / 1¼ filxhan miell për të gjitha përdorimet

7,5 ml / 1½ lugë e vogël pluhur pjekjeje

60 ml / 4 lugë krem i dyfishtë (i rëndë)

Për veshjen:

50 g / 2 oz / ¼ filxhan gjalpë ose margarinë

50 g / 2 oz / ¼ filxhan sheqer pluhur (shumë i imët)

100 g / 4 oz / 1 filxhan bajame të copëtuara

15 ml / 1 lugë gjelle krem i dyfishtë (i rëndë)

30 ml / 2 lugë miell për të gjitha përdorimet

Rrihni vezët dhe sheqerin derisa të bëhet shkumë. Shtoni gjalpin ose margarinën dhe lëkurën e portokallit, më pas shtoni miellin dhe pluhurin për pjekje. E trazojmë kremin, masën e derdhim në një formë keku të lyer me yndyrë dhe të shtruar 23 cm (kallëp) dhe e pjekim në furrë të parangrohur në temperaturën 180°C/350°C/shenja e gazit 4 për 20 minuta.

Për të bërë salcën, ngrohni përbërësit në një tenxhere, përzieni derisa të bashkohen mirë dhe lërini të vlojnë. Hidheni mbi tortë. Rriteni temperaturën e furrës në 200°C / 400°F / shenjën e gazit 6 dhe kthejeni tortën në furrë për 15 minuta të tjera derisa të marrë ngjyrë kafe të artë.

Biskota Hertzog të Afrikës së Jugut

12 më parë

75 g / 3 oz / ¾ filxhan miell për të gjitha përdorimet

15 ml / 1 lugë gjelle sheqer pluhur (shumë i imët)

5 ml / 1 lugë çaji pluhur pjekjeje

një majë kripë

40 g / 1½ oz / 3 lugë gjelle gjalpë ose margarinë

1 e verdhë veze e madhe

5 ml / 1 lugë qumësht

Për mbushjen:

30 ml / 2 lugë gjelle reçel kajsie (rezervë)

1 e bardhe veze e madhe

100 g / 4 oz / ½ filxhan sheqer pluhur (shumë i imët)

50 g / 2 oz / ½ filxhan kokos të tharë (i copëtuar)

Përzieni miellin, sheqerin, pluhurin për pjekje dhe kripën. Lyejeni me gjalpë ose margarinë derisa përzierja të ngjajë me thërrimet e bukës. Përzieni të verdhën e vezës dhe qumështin e mjaftueshëm për të bërë një brumë të butë. Gatuani mirë. Hapeni brumin në një sipërfaqe të lyer pak me miell, priteni në rrathë me prestar dhe shtroni format e lyer me yndyrë për kifle (empanadas). Vendosni një lugë gjelle reçel në qendër të secilës.

Për mbushjen, rrihni të bardhat e vezëve të forta, më pas shtoni sheqerin derisa të bëhet e fortë dhe me shkëlqim. Shtoni kokosin. Derdhni mbushjen në tepsi (torte) dhe sigurohuni që të mbulojë reçelin. Piqeni në furrë të parangrohur në 180°C/350°F/gaz 4 deri në kafe të artë për 20 minuta. Lërini të ftohen në tigane për 5 minuta përpara se t'i hiqni në një raft teli për të përfunduar ftohjen.

Tortë baske

Prej saj bëjmë një kek 25 cm

Për mbushjen:

50 g / 2 oz / ¼ filxhan sheqer pluhur (shumë i imët)

25 g / 1 oz / ¼ filxhan miell misri (maizena)

2 te verdha veze

300 ml / ½ pt / 1¼ filxhan qumësht

½ bishtaja e vaniljes (shkopi)

Pak sheqer pluhur (pasticeri)

Për tortën:

275 g / 10 oz / 1¼ filxhan gjalpë ose margarinë, i zbutur

175 g / 5 oz / ¼ filxhan sheqer pluhur (shumë i imët)

3 vezë

5 ml / 1 lugë esencë vanilje (ekstrakt)

450 g / 1 lb / 4 gota miell për të gjitha përdorimet

10 ml / 2 lugë lugë pluhur pjekjeje

një majë kripë

15 ml / 1 lugë gjelle raki

Sheqeri (e ëmbëlsirave) sheqer për fshirje

Për mbushjen përzieni gjysmën e sheqerit pluhur me niseshte misri, të verdhën e vezës dhe pak qumësht derisa të bëhet shkumë. Qumështin e mbetur dhe sheqerin e vini të ziejë me kokrrën e vaniljes, më pas hidhni ngadalë përzierjen e sheqerit me vezët, duke e përzier vazhdimisht. Lëreni të ziejë dhe gatuajeni për 3 minuta, duke e përzier vazhdimisht. Hidheni në një tas, spërkatni me sheqer pluhur për të parandaluar formimin e lëkurës dhe lëreni të ftohet.

Për kekun, përzieni gjalpin ose margarinën dhe sheqerin pluhur derisa të jetë e lehtë dhe e ajrosur. Shtoni gradualisht thelbin e vezëve dhe vaniljes duke alternuar me lugë miell, pluhur pjekjeje dhe kripë, më pas shtoni miellin e mbetur. Transferoni përzierjen në një qese tubacioni të rregullt 1 cm të pajisur me një grykë (majë) dhe futeni gjysmën e përzierjes në fundin e një forme për kek 25 cm të lyer me yndyrë dhe miell. një rreth në krye rreth buzës për të formuar një buzë për të marrë mbushjen. Hidhni kokrrën e vaniljes nga mbushja, shtoni rakinë dhe përzieni derisa të jetë e njëtrajtshme, më pas hidheni mbi masën e kekut. Përhapeni pjesën tjetër të përzierjes së tortës spirale sipër. Piqeni në furrë të parangrohur në 190°C për 50 minuta derisa të marrin ngjyrë kafe të artë dhe të fortë në prekje. E lemë të ftohet dhe e spërkasim me sheqer pluhur.

Prizma bajame dhe krem djathi

Përgatit një tortë 23 cm

200 g / 7 oz / 1¾ filxhan gjalpë ose margarinë, i zbutur

100 g / 4 oz / ½ filxhan sheqer pluhur (shumë i imët)

1 vezë

200 g / 7 oz / pak 1 filxhan krem djathi

5 ml / 1 lugë çaji lëng limoni

2,5 ml / ½ lugë çaji kanellë të bluar

75 ml / 5 lugë gjelle raki

90 ml / 6 lugë qumësht

30 biskota të bukura

Për ngrirjen (bricën):

60 ml / 4 lugë sheqer pluhur

30 ml / 2 lugë gjelle pluhur kakao (çokollatë pa sheqer)

100 g / 4 oz / 1 filxhan çokollatë e thjeshtë (gjysmë e ëmbël)

60 ml / 4 lugë gjelle ujë

50 g / 2 oz / ¼ filxhan gjalpë ose margarinë

100 g / 4 oz / 1 filxhan bajame të grira (të prera)

Rrahim gjalpin ose margarinën dhe sheqerin derisa të bëhet shkumë. Rrihni vezët, krem djathin, lëngun e limonit dhe kanellën. Vendosni një fletë të madhe letër alumini në sipërfaqen e punës. Përzieni rakinë dhe qumështin. Zhytni 10 biskota në përzierjen e rakisë dhe vendosni dy biskota pesë të larta në letër. Përhapeni përzierjen e djathit në kriker. Lyejini biskotat e mbetura në raki dhe qumësht dhe vendosini sipër masës për të marrë një formë të gjatë trekëndore. Mbështilleni me fletë metalike dhe vendoseni në frigorifer gjatë natës.

Për të bërë glazurën vendosim në një tenxhere të vogël sheqerin, kakaon, çokollatën dhe ujin të ziejnë dhe ziejmë për 3 minuta. Hiqeni zjarrin dhe shtoni gjalpin. Le ta ftohim pak. Hiqni petën nga keku dhe sipër lyeni me masën e çokollatës. Shtrydhni bajamet sa janë ende të ngrohta. Ftoheni derisa të forcohet.

Kalaja e Pyllit të Zi

Përgatit një tortë 18 cm

175 g / 6 oz / ¾ filxhan gjalpë ose margarinë, të zbutur

175 g / 6 oz / ¾ filxhan sheqer pluhur (shumë i imët)

3 vezë të rrahura lehtë

150 g / 5 oz / 1¼ filxhan miell (maja) që rritet vetë

25 g / 1 oz / ¼ filxhan pluhur kakao (çokollatë pa sheqer)

10 ml / 2 lugë lugë pluhur pjekjeje

90 ml / 6 lugë gjelle reçel qershie (rezervë)

100 g / 4 oz / 1 filxhan çokollatë e thjeshtë (gjysmë e ëmbël), e grirë hollë

400 g / 14 oz / 1 kanaçe e madhe qershi e zeze, te kulluar dhe me leng te rezervuar

150 ml / ¼ pt / 2/3 filxhan krem i dyfishtë (i rëndë).

10 ml / 2 lugë gjelle me shigjeta

Rrahim gjalpin ose margarinën dhe sheqerin derisa të bëhet shkumë. Përziejini gradualisht vezët, më pas shtoni miellin, kakaon dhe pluhurin për pjekje. Ndani masën midis dy tepsi të sanduiçit të lyer me yndyrë dhe të rreshtuar (furrë) 18 cm dhe piqeni në një furrë të nxehur më parë në 180°C / 350°F / pikë gazi 4 për 25 minuta derisa të piqet. Lëreni të ftohet.

Në një sanduiç vendosim reçelin në ëmbëlsira dhe pjesën tjetër e shpërndajmë në anë të tortës. Shtyjmë çokollatën e grirë në anë të tortës. Sipër rregulloni ndonjë qershi. Përhapeni kremin rreth skajit të sipërm të tortës. Ngroheni shigjetën me pak krem dhe shpërndajeni mbi fruta që të glazurat.

Tortë me çokollatë dhe bajame

Përgatit një tortë 23 cm

100 g / 4 oz / 1 filxhan çokollatë e thjeshtë (gjysmë e ëmbël)

100 g / 4 oz / ½ filxhan gjalpë ose margarinë, i zbutur

150 g / 5 oz / 2/3 filxhan sheqer pluhur (shumë i imët)

3 vezë të ndara

50 g / 2 oz / ½ filxhan bajame të bluara

100 g / 4 oz / 1 filxhan miell për të gjitha përdorimet

Për mbushjen:
225 g / 8 oz / 2 gota çokollatë të thjeshtë (gjysmë e ëmbël)

300 ml / ½ pt / 1¼ filxhan krem të dyfishtë (i rëndë)

75 g / 3 oz / ¼ filxhan reçel me mjedër (rezervë)

Shkrini çokollatën në një enë rezistente ndaj nxehtësisë të vendosur mbi një tenxhere me ujë. Përzieni gjalpin ose margarinën dhe sheqerin derisa të bëhet shkumë, më pas shtoni çokollatën dhe të verdhën e vezës. Shtoni bajamet e bluara dhe miellin. Rrihni të bardhat e vezëve në një shkumë të fortë dhe më pas përzieni në masë. Hidheni në një tepsi (kallëp) të lyer me yndyrë dhe të rreshtuar 23 cm dhe piqeni në furrë të parangrohur në 180°C për 40 minuta derisa të piqet. Lëreni të ftohet dhe më pas e prisni tortën në gjysmë horizontalisht.

Për mbushjen, shkrini çokollatën dhe kremin në një enë rezistente ndaj nxehtësisë të vendosur mbi ujë të nxehtë. Përziejini derisa të jetë e qetë, më pas lëreni të ftohet, duke e përzier herë pas here. Lyejini ëmbëlsirat së bashku me reçelin dhe gjysmën e kremit të çokollatës në një sanduiç, më pas lyeni sipër dhe anët e kekut me kremin e mbetur dhe lëreni të qëndrojë.

cheesecake me çokollatë

Përgatit një tortë 23 cm

Tek themeli:

25 g / 1 oz / 2 lugë gjelle sheqer pluhur (shumë i imët)

175 g krakera Graham tretëse

75 g / 3 oz / 1/3 filxhan gjalpë ose margarinë, të shkrirë

Për mbushjen:

100 g / 4 oz / 1 filxhan çokollatë e thjeshtë (gjysmë e ëmbël)

300 g / 10 oz / 1¼ filxhan djathë krem

3 vezë të ndara

45 ml / 3 lugë gjelle pluhur kakao (çokollatë pa sheqer)

25 g / 1 oz / ¼ filxhan miell për të gjitha përdorimet

50 g / 2 oz / ¼ filxhan sheqer kafe të butë

150 ml / ¼ pt / 2/3 filxhan salcë kosi

50 g / 2 oz / ¼ filxhan sheqer pluhur (shumë i hollë) Për dekorim:

100 g / 4 oz / 1 filxhan çokollatë e thjeshtë (gjysmë e ëmbël)

25 g / 1 oz / 2 lugë gjelle gjalpë ose margarinë

120 ml / 4 ml oz / ½ filxhan krem i dyfishtë (i rëndë)

6 qershi me xham (të ëmbëlsuar)

Për të përgatitur bazën, përzieni sheqerin dhe biskotat me gjalpin e shkrirë dhe shtypni në bazën dhe anët e një tave të lyer me yndyrë 9/23 cm.

Për mbushjen, shkrini çokollatën në një tas të vendosur mbi ujë të nxehtë. Le ta ftohim pak. Përziejmë djathin me të verdhën e vezës, kakaon, miellin, sheqerin kaf dhe kremin deri në shkumë, më pas përziejmë me çokollatën e shkrirë. Rrihni të bardhat e vezëve në një shkumë të fortë, më pas shtoni sheqerin pluhur dhe rrihni përsëri në një shkumë të fortë. Paloseni masën me një lugë metalike dhe vendoseni në fund për të niveluar sipërfaqen. E pjekim në furrë të parangrohur në 160°C/325°F/gaz për 3 orë e gjysmë. Fikni furrën dhe lëreni tortën të ftohet në furrë me derë të hapur. E ftohim fort, e më pas e nxjerrim nga kallëpi.

Për të dekoruar, shkrini çokollatën dhe gjalpin ose margarinën në një tas të vendosur mbi ujë të nxehtë. E heqim nga zjarri dhe e leme te ftohet pak me pas shtojme kremin. Rrotulloni çokollatën në një model sipër tortës dhe më pas dekorojeni me qershitë e glazuruara.

tortë paddock me çokollatë

Prej saj bëjmë një kek 20 cm

75 g / 3 oz / ¾ filxhan çokollatë e thjeshtë (gjysmë e ëmbël), e copëtuar

200 ml / 7 ml oz / pak 1 filxhan qumësht

225 g / 8 oz / 1 filxhan sheqer kafe të errët

75 g / 3 oz / 1/3 filxhan gjalpë ose margarinë, të zbutur

2 vezë të rrahura lehtë

2,5 ml / ½ lugë çaji esencë vanilje (ekstrakt)

150 g / 5 oz / 1¼ filxhan miell për të gjitha përdorimet

25 g / 1 oz / ¼ filxhan pluhur kakao (çokollatë pa sheqer)

5 ml / 1 lugë çaji sodë buke (pluhur pjekje)

Për ngrirjen (bricën):
100 g / 4 oz / 1 filxhan çokollatë e thjeshtë (gjysmë e ëmbël)

100 g / 4 oz / ½ filxhan gjalpë ose margarinë, i zbutur

225 g / 8 oz / 11/3 filxhan sheqer ëmbëlsirash, i situr

Çokollatë thekon ose kaçurrela për dekorim

Shkrini në një tigan çokollatën, qumështin dhe 75 gr sheqer dhe më pas lërini të ftohet pak. Rrihni gjalpin dhe sheqerin e mbetur derisa të bëhet shkumë. Shtoni gradualisht vezët dhe esencën e vaniljes, më pas shtoni përzierjen e çokollatës. Përziejmë me kujdes miellin, kakaon dhe sodën e bukës, masën e hedhim në dy tepsi (tava) sanduiçësh të lyer me yndyrë dhe të rreshtuar 20 cm dhe e pjekim në furrë të parangrohur në 180°C për 30 minuta derisa të bëhet elastike në prekje. Ftoheni në tepsi për 3 minuta, më pas kalojini në një raft teli për të përfunduar ftohjen.

Për të bërë glazurën, shkrini çokollatën në një tas të vendosur mbi ujë të nxehtë. Përzieni gjalpin ose margarinën dhe sheqerin derisa të bëhet shkumë, më pas shtoni çokollatën e shkrirë. Përhapeni një të tretën e kremës mbi ëmbëlsira, më pas shpërndajeni pjesën tjetër sipër dhe anëve të tortës. Dekoroni pjesën e sipërme me thekon të thërrmuar ose bëni kaçurrela duke gërvishtur një karamele në të gjithë me një thikë të mprehtë.

Porti i karobit dhe nenexhikut

Prej saj bëjmë një kek 20 cm

3 vezë

50 g / 2 oz / ¼ filxhan sheqer pluhur (shumë i imët)

75 g / 3 oz / 1/3 filxhan miell që ngrihet vetë (maja)

25 g / 1 oz / ¼ filxhan pluhur karob

150 ml / ¼ pt / 2/3 filxhan krem pana

Disa pika esencë menteje (ekstrakt)

50 g / 2 oz / ½ filxhan arra të përziera të copëtuara

Rrihni vezët derisa të zbehen. Shtoni sheqerin dhe vazhdoni derisa masa të bëhet e zbehtë dhe kremoze dhe të largohet nga rrahësi në vija. Kjo mund të zgjasë nga 15 deri në 20 minuta. Përzieni miellin dhe pluhurin e karobit së bashku dhe përzieni në përzierjen e vezëve. Hidheni në dy format e kekut të lyer me yndyrë dhe të rreshtuar (kallëpët) 20 cm dhe piqini në furrë të parangrohur në 180°C për 15 minuta derisa të preken me erëza. I ftohtë.

Rrihni kremin derisa të merrni maja të buta, shtoni esencën dhe arrat. Pritini çdo biskotë në gjysmë horizontalisht dhe shtrini të gjitha biskotat së bashku me kremin në një sanduiç.

Dera e kafesë me akull

Përgatit një tortë 18 cm

225 g / 8 oz / 1 filxhan gjalpë ose margarinë

100 g / 4 oz / ½ filxhan sheqer pluhur (shumë i imët)

2 vezë të rrahura lehtë

100 g / 4 oz / 1 filxhan miell që ngrihet vetë

një majë kripë

30 ml / 2 lugë esencë kafeje (ekstrakt)

100 g / 4 oz / 1 filxhan bajame të grira (të prera)

225 g / 8 oz / 11/3 filxhan sheqer ëmbëlsirash, i situr

Rrihni gjysmën e gjalpit ose margarinës dhe sheqerin pluhur derisa të bëhet shkumë. Rrihni vezët pak nga pak, më pas shtoni miellin, kripën dhe 15 ml/1 lugë esencë kafeje. Hidheni masën në dy tepsi (tepsi) sanduiç të lyer me yndyrë dhe të rreshtuar 7/18 cm dhe piqeni në furrë të parangrohur në 180°C/350°F/gaz 4 për 25 minuta derisa të piqet. Lëreni të ftohet. Vendosini bajamet në një tigan (tigan) të thatë dhe thekni në zjarr mesatar, duke tundur vazhdimisht tiganin, derisa të marrin ngjyrë kafe të artë.

Rrihni gjalpin ose margarinën e mbetur derisa të zbutet, më pas shtoni sheqer pluhur dhe esencën e mbetur të kafesë derisa të arrihet një konsistencë e lyer. Vendosim ëmbëlsirat (glazurën) në një sanduiç së bashku me një të tretën e glazurës. Përhapeni gjysmën e brymës së mbetur në anë të tortës dhe shtypni bajamet e thekura në brymë. Pjesën tjetër e shtrijmë sipër tortës dhe presim modelet me një pirun.

Unazë Gâteau kafeje dhe arra

Përgatit një tortë 23 cm

Për tortën:

15 ml / 1 lugë çaji pluhur kafeje të menjëhershme

15 ml / 1 lugë gjelle qumësht

100 g / 4 oz / 1 filxhan miell që ngrihet vetë

5 ml / 1 lugë çaji pluhur pjekjeje

100 g / 4 oz / ½ filxhan gjalpë ose margarinë, i zbutur

100 g / 4 oz / ½ filxhan sheqer pluhur (shumë i imët)

2 vezë të rrahura lehtë

Për mbushjen:

45 ml / 3 lugë gjelle reçel kajsie (e konservuar), e situr (e filtruar)

15 ml / 1 lugë gjelle ujë

10 ml / 2 lugë çaji pluhur kafeje të menjëhershme

30 ml / 2 lugë qumësht

100 g / 4 oz / 2/3 filxhan sheqer ëmbëlsirash, i situr

50 g / 2 oz / ¼ filxhan gjalpë ose margarinë, të zbutur

50 g / 2 oz / ½ filxhan arra, të copëtuara

Për ngrirjen (bricën):

30 ml / 2 lugë pluhur kafeje të menjëhershme

90 ml / 6 lugë qumësht

450 g / 1 lb / 22/3 filxhan sheqer ëmbëlsirash, i situr

50 g / 2 oz / ¼ filxhan gjalpë ose margarinë

Për dekorim disa gjysëm arra

Për kekun e tretim kafen në qumësht, më pas e përziejmë me pjesën tjetër të përbërësve të kekut dhe e përziejmë derisa gjithçka të përzihet mirë. Hidheni në një tepsi të lyer me yndyrë 23 cm (9 in) dhe piqini në një furrë të nxehur më parë në 160°C për 40 minuta derisa të preken. Lëreni të ftohet në tigan për 5 minuta, më pas transferojeni në një raft teli për të përfunduar ftohjen. Presim tortën në gjysmë horizontalisht.

Për të përgatitur mbushjen ngrohni reçelin dhe ujin derisa të përzihen mirë, më pas lyeni me furçë sipërfaqet e prera të kekut. Shkrihet kafeja në qumësht, më pas përzihet pluhuri i sheqerit me gjalpë ose margarinë dhe arrat dhe rrihet derisa të arrihet një konsistencë e lyer. Shtroni dy gjysmat e kekut në një sanduiç me mbushjen.

Për të përgatitur glazurën, shpërndani kafen në qumësht në një tenxhere të vendosur mbi ujë të nxehtë. Shtoni sheqerin pluhur dhe gjalpin ose margarinën dhe përziejini derisa të jenë homogjene. E heqim nga zjarri dhe duke e përzier herë pas here e lëmë të ftohet dhe të trashet në një shtresë. Glazurën e hedhim sipër kekut, e dekorojmë me arra dhe e lëmë të qëndrojë.

Porta daneze me çokollatë dhe puding

Përgatit një tortë 23 cm

4 vezë të ndara

175 g / 6 oz / 1 filxhan sheqer ëmbëlsirash, i situr

Lëkura e grirë e ½ limoni

60 g / 2½ oz / 2/3 filxhan miell për të gjitha përdorimet

60 g / 2½ oz / 2/3 filxhan miell patate

2,5 ml / ½ lugë e vogël pluhur pjekjeje

Për mbushjen:

45 ml / 3 lugë sheqer pluhur (shumë i imët)

15 ml / 1 lugë gjelle miell misri (niseshte misri)

300 ml / ½ pt / 1¼ filxhan qumësht

3 te verdha veze te rrahura

50 g / 2 oz / ½ filxhan arra të përziera të copëtuara

150 ml / ¼ pt / 2/3 filxhan krem të dyfishtë (i rëndë)

Për veshjen:

100 g / 4 oz / 1 filxhan çokollatë e thjeshtë (gjysmë e ëmbël)

30 ml / 2 lugë krem të dyfishtë (i rëndë)

25 g / 1 oz / ¼ filxhan çokollatë të bardhë, të grirë ose të copëtuar

Rrihni të verdhat e vezëve me sheqer pluhur dhe lëkurën e limonit derisa të bëhen shkumë. Shtoni miellin dhe pluhurin për pjekje. Rrahim të bardhat e vezëve në një shkumë të fortë dhe më pas i përziejmë në masë me një lugë metalike. Hidheni në një formë keku të lyer me yndyrë dhe rreshtim 23 cm dhe piqini në furrë të parangrohur në 190°C për 20 minuta derisa të marrin ngjyrë kafe të artë dhe të marrin ngjyrë elastike në prekje. Lëreni të ftohet në tigan për 5 minuta, më pas transferojeni në një raft teli për të përfunduar ftohjen. Presim tortën horizontalisht në tre pjata.

Për mbushjen, përzieni sheqerin dhe niseshtën e misrit me pak qumësht për të formuar një masë. Qumështin e mbetur e ziejmë, më pas e hedhim mbi masën e miellit të misrit dhe e përziejmë mirë. Kthejeni në tenxhere të shpëlarë dhe përzieni vazhdimisht në zjarr shumë të ulët derisa kremi të trashet. Rrahim të verdhat e vezëve në zjarr shumë të ulët pa e lënë pudingun të vlojë. Lëreni të ftohet pak dhe më pas shtoni arrat. Rrihni kremin në një shkumë të fortë dhe më pas përzieni në puding. Sandwich shtresat me puding.

Për sipër, shkrini çokollatën me kremin në një tas të vendosur mbi ujë të nxehtë. Përhapeni sipër tortës dhe dekorojeni me çokollatë të bardhë të grirë.

fruta porte

Prej saj bëjmë një kek 20 cm

1 mollë gatimi (byrek), e qëruar, e prerë dhe e prerë

25 g / 1 oz / ¼ filxhan fiq të thatë, të copëtuar

25 g / 1 oz / ¼ filxhan rrush të thatë

75 g / 3 oz / 1/3 filxhan gjalpë ose margarinë, të zbutur

2 vezë

175 g / 6 oz / 1½ filxhan miell gruri integral (gruri i plotë)

5 ml / 1 lugë çaji pluhur pjekjeje

30 ml / 2 lugë qumësht i skremuar

15 ml / 1 lugë gjelle xhelatinë

30 ml / 2 lugë gjelle ujë

400 g / 14 oz / 1 kanaçe e madhe ananas i grirë, i kulluar

300 ml / ½ pt / 1¼ filxhan djathë të freskët

150 ml / ¼ pt / 2/3 filxhan krem pana

Përzieni mollët, fiqtë, rrushin e thatë dhe gjalpin ose margarinën. Thyeni vezët. Shtoni miellin dhe pluhurin për pjekje dhe qumështin e mjaftueshëm për t'i përzier derisa të jenë të lëmuara. Hidheni në një formë keku të lyer me yndyrë 20 cm dhe piqeni në furrë të parangrohur në 180°C për 30 minuta derisa të forcohet. Hiqeni nga tigani dhe ftohuni në një raft teli.

Për të përgatitur mbushjen, spërkatni xhelatinën mbi ujë në një tas të vogël dhe lëreni të shkumëzojë. Vendoseni enën në një enë me ujë të ngrohtë dhe lëreni të qëndrojë derisa të tretet. Le ta ftohim pak. Shtoni ananasin, kremin e djathit dhe ajkën, më pas vendoseni në frigorifer që të qëndrojë. Presim tortën në gjysmë horizontalisht dhe e shtrijmë në një sanduiç së bashku me kremin.

savarina e frutave

Prej saj bëjmë një kek 20 cm

15 g / ½ oz maja e freskët ose 20 ml / 4 lugë çaji maja e thatë

45 ml / 3 lugë qumësht të ngrohtë

100 g / 4 oz / 1 filxhan miell të fortë (bukë).

një majë kripë

5 ml / 1 lugë çaji sheqer

2 vezë të rrahura

50 g / 2 oz / ¼ filxhan gjalpë ose margarinë, të zbutur

Për shurupin:

225 g / 8 oz / 1 filxhan sheqer pluhur (shumë i imët)

300 ml / ½ pt / 1¼ filxhan ujë

45 ml / 3 lugë gjelle kirsch

Për mbushjen:

2 banane

100 g / 4 oz luleshtrydhe, të prera në feta

100 g / 4 oz mjedra

Përzieni majanë dhe qumështin, më pas shtoni 15 ml / 1 lugë gjelle miell. E leme te qendroje derisa te beje shkume. Shtoni pjesën tjetër të miellit, kripën, sheqerin, vezët dhe gjalpin dhe përziejini derisa të bëhet një masë homogjene. Hidheni në një savarinë të lyer me yndyrë dhe miell ose tepsi unazore (tepsi) 20 cm dhe lëreni në një vend të ngrohtë për rreth 45 minuta, derisa masa të arrijë pothuajse në majë të tavës. E pjekim në furrë të parangrohur për 30 minuta derisa të marrin ngjyrë kafe të artë dhe të tkurret nga anët e tavës. Vendoseni në një raft teli në një tabaka dhe shponi të gjithë sendin me një hell.

Ndërsa savarina është duke vluar, përgatisni shurupin. Shpërndani sheqerin në ujë në zjarr të ulët, duke e përzier herë pas here. Lëreni të vlojë dhe ziejini pa e përzier për 5 minuta derisa të bëhet shurup. Shto kirsch. Savarinën e hedhim shurupin e nxehtë derisa të ngopet. Lëreni të ftohet.

Pritini në feta të holla bananen dhe përzieni me pjesën tjetër të frutave dhe shurupin e derdhur në tepsi. Savarinën e vendosim në një pjatë dhe frutat i hedhim në mes pak para se ta servirim.

kek me shtrese xhenxhefili

Përgatit një tortë 18 cm

100 g / 4 oz / 1 filxhan miell që ngrihet vetë

5 ml / 1 lugë çaji pluhur pjekjeje

100 g / 4 oz / ½ filxhan gjalpë ose margarinë, i zbutur

100 g / 4 oz / ½ filxhan sheqer pluhur (shumë i imët)

2 vezë

Për mbushje dhe dekorim:

150 ml / ¼ pt / 2/3 filxhan krem pana ose krem (i rëndë)

100 g / 4 oz / 1/3 filxhan reçel xhenxhefili

4 biskota me xhenxhefil (biskota), të grimcuara

Disa copa xhenxhefil të kristalizuar (të ëmbëlsuar)

Përziejini mirë të gjithë përbërësit e kekut. Hidheni në dy tepsi (tepsi) sanduiç të lyer me yndyrë dhe rreshtim 18 cm dhe piqini në furrë të parangrohur në 160°C për 25 minuta derisa të marrin ngjyrë kafe të artë dhe të marrin ngjyrë elastike në prekje. Lëreni të ftohet në tepsi për 5 minuta, më pas kaloni në një raft teli që të ftohet plotësisht. Pritini çdo tortë në gjysmë horizontalisht.

Për të përgatitur mbushjen, rrihni kremin në një shkumë të fortë. Shtresën e poshtme të një pandispanje e lyejmë me gjysmën e reçelit, më pas vendosim sipër shtresën e dytë. E lyejmë me gjysmën e kremit dhe e mbulojmë me shtresën tjetër. Përhapeni këtë me reçelin e mbetur dhe vendosni sipër shtresën e fundit. Përsipër lyeni kremin e mbetur, më pas zbukurojeni me kriker dhe xhenxhefil të kristalizuar.

Porti i rrushit dhe pjeshkës

Prej saj bëjmë një kek 20 cm

4 vezë

100 g / 4 oz / ½ filxhan sheqer pluhur (shumë i imët)

75 g / 6 oz / 1½ filxhan miell për të gjitha përdorimet

një majë kripë

Për mbushje dhe dekorim:

100 g / 14 oz / 1 kanaçe e madhe pjeshke në shurup

450 ml / ¾ pt / 2 gota krem të dyfishtë (i rëndë)

50 g / 2 oz / ¼ filxhan sheqer pluhur (shumë i imët)

Disa pika esencë vanilje (ekstrakt)

100 g / 4 oz / 1 filxhan lajthi, të copëtuara

100 g rrush pa fara (me fara)

Një degëz menteje të freskët

Rrihni vezët dhe sheqerin derisa të trashet dhe të zbehet dhe të ndahet nga rrahja në vija. Shosh miellin dhe kripën dhe përziejmë butësisht. Hidheni në një formë (kallëp) susta të lyer me yndyrë dhe të rreshtuar 20 cm dhe piqeni në furrë të parangrohur në 180°C për 30 minuta, derisa të dalë një hell i futur në qendër. Lëreni të ftohet në tigan për 5 minuta, më pas transferojeni në një raft teli për të përfunduar ftohjen. Presim tortën në gjysmë horizontalisht.

Kulloni pjeshkët dhe lini 90 ml/6 lugë shurup. Pritini hollë gjysmën e pjeshkës dhe copëtoni pjesën tjetër. Rrihni kremin me sheqerin dhe esencën e vaniljes në një shkumë të fortë. Përhapeni gjysmën e kremit në shtresën e poshtme të kekut, spërkateni me pjeshkët e grira dhe vendoseni sërish sipër tortës. E lyejmë kremin e mbetur në anët dhe sipër kekut. Shtypni anash arrat e grira.

Vendosni pjeshkët e prera në feta në buzë të majës së kekut dhe rrushin në mes. Dekoroni me një degë nenexhik.

Tortë me limon

Përgatit një tortë 18 cm

Për tortën:

100 g / 4 oz / ½ filxhan gjalpë ose margarinë, i zbutur

100 g / 4 oz / ½ filxhan sheqer pluhur (shumë i imët)

2 vezë të rrahura lehtë

100 g / 4 oz / 1 filxhan miell që ngrihet vetë

një majë kripë

Lëkurë e grirë dhe lëng 1 limoni

Për ngrirjen (bricën):

100 g / 4 oz / ½ filxhan gjalpë ose margarinë, i zbutur

225 g / 8 oz / 11/3 filxhan sheqer ëmbëlsirash, i situr

100 g / 4 oz / 1/3 filxhan gjizë limoni

Lule glazurë për dekorim

Për tortën, përzieni gjalpin ose margarinën dhe sheqerin derisa të bëhet shkumë. Rrihni vezët gradualisht, më pas shtoni miellin, kripën dhe lëkurën e limonit. Hidheni masën në dy tepsi (tepsi) sanduiç të lyer me yndyrë dhe të rreshtuar 7/18 cm dhe piqeni në furrë të parangrohur në 180°C/350°F/gaz 4 për 25 minuta derisa të piqet. Lëreni të ftohet.

Për glazurën, përzieni gjalpin ose margarinën derisa të zbuten, më pas shtoni sheqer pluhur dhe lëng limoni për të arritur një konsistencë të lyer. Sandwich ëmbëlsirat me gjizë limoni dhe lyejmë tre të katërtat e glazurës sipër dhe anëve të tortës, shënojmë modelet me një pirun. Hidhni kremin e mbetur në qesen e tubacionit me rozetat në majën e yllit (tebaka) dhe në pjesën e sipërme të tortës. Dekoroni me lule krem.

Porta kafe

Prej saj bëjmë një kek 25 cm

425 g / 15 oz / 1 kuti e madhe pure gështenjash

6 vezë të ndara

5 ml / 1 lugë esencë vanilje (ekstrakt)

5 ml / 1 lugë çaji kanellë të bluar

350 g / 12 oz / 2 gota sheqer ëmbëlsirash, i situr

100 g / 4 oz / 1 filxhan miell për të gjitha përdorimet

5 ml / 1 lugë xhelatinë pluhur

30 ml / 2 lugë gjelle ujë

15 ml / 1 lugë gjelle rum

300 ml / ½ pt / 1¼ filxhan krem të dyfishtë (i rëndë)

90 ml / 6 lugë gjelle reçel kajsie (e konservuar), e situr (e filtruar)

30 ml / 2 lugë gjelle ujë

450 gr çokollatë e zakonshme (gjysmë e ëmbël), e copëtuar në copa

100 g / 4 oz pastë bajame

30 ml / 2 lugë gjelle fëstëkë të copëtuar

Sisni purenë e gështenjës dhe përziejeni derisa të jetë homogjene dhe ndajeni në gjysmë. Përzieni gjysmën me të verdhat e vezëve, esencën e vaniljes, kanellën dhe 50 g / 2 oz / 1/3 filxhan sheqer pluhur. Rrihni të bardhat e vezëve derisa të formohen maja të forta, më pas shtoni gradualisht 175 gr sheqer pluhur derisa të formohen maja të forta. Shtoni përzierjen e të verdhës së vezës dhe gështenjës. Përzieni miellin dhe derdhni në një formë keku të lyer me yndyrë 10/25 cm. Piqeni në furrë të parangrohur në 180°C/350°F/shkallë gazi 4 për 45 minuta derisa të bëhet elastik në prekje. Lëreni të ftohet, mbulojeni dhe lëreni gjatë natës.

Spërkatni xhelatinën mbi ujë në një enë dhe lëreni të shkumëzojë. Vendoseni enën në një enë me ujë të ngrohtë dhe lëreni të qëndrojë derisa të tretet. Le ta ftohim pak. Përzieni purenë e mbetur të gështenjës me sheqerin pluhur dhe rumin e mbetur. Rrihni kremin në një shkumë të fortë dhe më pas shtoni në pure me xhelatinën e tretur. Presim tortën horizontalisht në të tretat dhe e bashkojmë me purenë e gështenjës. Prisni skajet dhe lëreni të ftohet për 30 minuta.

Gatuani reçelin me ujë derisa të përzihet mirë, më pas shpërndajeni sipër dhe anët e kekut. Shkrini çokollatën në një enë rezistente ndaj nxehtësisë të vendosur mbi një tenxhere me ujë. Shtoni 16 gështenja të formësuara në përzierjen e bajameve. Lyejeni pjesën e poshtme në çokollatën e shkrirë dhe më pas në fëstëkët. Lyejeni sipër dhe anët e tortës me çokollatën e mbetur, më pas lëmoni sipërfaqen me një shpatull. Vendosni gështenjat e bajameve në buzë ndërsa çokollata është ende e ngrohtë dhe priteni në 16 feta. Lëreni të ftohet dhe të forcohet.

Strudel

Përgatit një tortë 23 cm

225 gr petë sfungjerësh

150 ml / ¼ pt / 2/3 filxhan krem të dyfishtë (i rëndë) ose për rrahje

45 ml / 3 lugë gjelle reçel me mjedër (rezervë)

Sheqer pluhur i situr (pasteciere).

Hapeni brumin (brumin) përafërsisht. 3 mm / 1/8 trashësi dhe e presim në tre drejtkëndësha të barabartë. E vendosim në një tepsi të lagur dhe e pjekim në furrë të parangrohur në 200°C deri në kafe të artë për 10 minuta. Lëreni të ftohet në një raft teli. Rrihni kremin në një shkumë të fortë. Përhapeni dy drejtkëndëshat e brumit me marmelatë. Shtrojme kremin mbi sanduiçe dhe mbulojme me kremin e mbetur. Shërbejeni të spërkatur me sheqer pluhur.

porta portokalli

Përgatit një tortë 18 cm

225 g / 8 oz / 1 filxhan gjalpë ose margarinë, i zbutur

100 g / 4 oz / ½ filxhan sheqer pluhur (shumë i imët)

2 vezë të rrahura lehtë

100 g / 4 oz / 1 filxhan miell që ngrihet vetë

një majë kripë

Lëkura e grirë dhe lëngu i 1 portokalli

225 g / 8 oz / 11/3 filxhan sheqer ëmbëlsirash, i situr

Feta portokalli glace (të sheqerosura) për dekorim

Rrihni gjysmën e gjalpit ose margarinës dhe sheqerin pluhur derisa të bëhet shkumë. Shtoni gradualisht vezët, më pas shtoni miellin, kripën dhe lëkurën e portokallit. Hidheni masën në dy tepsi (tepsi) sanduiç të lyer me yndyrë dhe të rreshtuar 7/18 cm dhe piqeni në furrë të parangrohur në 180°C/350°F/gaz 4 për 25 minuta derisa të piqet. Lëreni të ftohet.

Përzieni gjalpin ose margarinën e mbetur derisa të bëhet shkumë, më pas shtoni sheqer pluhur dhe lëng portokalli për të arritur një konsistencë të lyer. Përhapeni ëmbëlsirat me një të tretën e kremit (glazurës), më pas shpërndani pjesën tjetër në pjesën e sipërme dhe në anët e tortës, duke shënuar modelet me një pirun. Dekoroni me feta portokalli me glazurë.

Tortë me marmelatë portokalli me katër shtresa

Përgatit një tortë 23 cm

Për tortën:

200 ml / 7 ml oz / pak 1 filxhan ujë

25 g / 1 oz / 2 lugë gjelle gjalpë ose margarinë

4 vezë të rrahura lehtë

300 g / 11 oz / 11/3 filxhan sheqer pluhur (shumë i mirë)

5 ml / 1 lugë esencë vanilje (ekstrakt)

300 g / 11 oz / 2¾ gota miell për të gjitha përdorimet

10 ml / 2 lugë lugë pluhur pjekjeje

një majë kripë

Për mbushjen:

30 ml / 2 lugë miell për të gjitha përdorimet

30 ml / 2 lugë gjelle miell misri (niseshte misri)

15 ml / 1 lugë gjelle sheqer pluhur (shumë i imët)

2 vezë të ndara

450 ml / ¾ pt / 2 gota qumësht

5 ml / 1 lugë esencë vanilje (ekstrakt)

120 ml / 4 ml oz / ½ filxhan sheri të ëmbël

175 g / 6 oz / ½ filxhan reçel

120 ml / 4 ml oz / ½ filxhan krem i dyfishtë (i rëndë)

100 g / 4 oz kikirikë të brishtë, të grimcuar

Për të bërë pandispanjen, zieni ujin me gjalpë ose margarinë. Rrihni vezët dhe sheqerin derisa të bëhet shkumë dhe vazhdoni t'i rrihni derisa të zbehet. Hidhni esencën e vaniljes, spërkatni me miell, pluhur për pjekje dhe kripë, më pas hidheni mbi përzierjen e gjalpit dhe ujit të vluar. Përziejini mirë. Hidheni në dy tabaka sanduiçësh të lyer me gjalpë dhe miell dhe piqini në një furrë të nxehur më parë në 180°C/350°F/gaz pikën 4 për 25 minuta, derisa të marrin ngjyrë kafe të artë dhe të marrin ngjyrë elastike në prekje. Ftoheni në tepsi për 3 minuta, më pas kalojini në një raft teli për të përfunduar ftohjen. Pritini çdo tortë në gjysmë horizontalisht.

Për mbushjen përzieni miellin, niseshtenë e misrit, sheqerin dhe të verdhën e vezës derisa të përftoni një masë me pak qumësht. Ziejeni qumështin e mbetur në një tenxhere, më pas derdhni në përzierje dhe përzieni derisa të jetë homogjen. Kthejeni në tiganin e shpëlarë dhe ziejini në zjarr të ulët duke e përzier vazhdimisht derisa të trashet. Pasi ta fikim nga zjarri shtojmë esencën e vaniljes dhe e lemë të ftohet pak. Rrihni të bardhat e vezëve në një shkumë të fortë, më pas i përzieni së bashku.

I lyejmë të katër shtresat e kekut me sheri, tre i lyejmë me reçel, më pas i lyejmë me puding. Përziejini shtresat në një sanduiç me katër shtresa. Rrihni kremin në një shkumë të fortë dhe vendoseni sipër tortës. Spërkateni me kikirikë të brishtë.

Porta me arra dhe hurma

Përgatit një tortë 23 cm

Për tortën:

250 ml / 8 ml oz / 1 filxhan ujë të valë

450 g / 1 lb / 2 gota hurma pa koriza, të grira hollë

2,5 ml / ½ lugë çaji sodë buke (pluhur pjekje)

225 g / 8 oz / 1 filxhan gjalpë ose margarinë, i zbutur

225 g / 8 oz / 1 filxhan sheqer pluhur (shumë i imët)

3 vezë

100 g / 4 oz / 1 filxhan pecans të copëtuar

5 ml / 1 lugë esencë vanilje (ekstrakt)

350 g / 12 oz / 3 gota miell për të gjitha përdorimet

10 ml / 2 lugë çaji kanellë të bluar

5 ml / 1 lugë çaji pluhur pjekjeje

Për ngrirjen (bricën):

120 ml / 4 ml oz / ½ filxhan ujë

30 ml / 2 lugë gjelle pluhur kakao (çokollatë pa sheqer)

10 ml / 2 lugë çaji pluhur kafeje të menjëhershme

100 g / 4 oz / ½ filxhan gjalpë ose margarinë

400 g / 14 oz / 21/3 filxhan sheqer ëmbëlsirash, i situr

50 g / 2 oz / ½ filxhan pekan, të copëtuara

Për kekun, hurmat dhe pluhurin për pjekje derdhni ujë të vluar dhe lëreni të ftohet. Rrihni gjalpin ose margarinën dhe sheqerin pluhur derisa të bëhet shkumë. Shtoni gradualisht vezën, më pas shtoni arrat, thelbin e vaniljes dhe hurmat. Shtoni miellin, kanellën dhe pluhurin për pjekje. Hidheni në dy tepsi (tepsi) sanduiçësh të lyer me gjalpë 23 cm dhe piqini në furrë të parangrohur në 180°C për 30 minuta derisa të preken. Vendoseni në një raft teli që të ftohet.

Për të bërë glazurën, zieni ujin, kakaon dhe kafenë në një tenxhere të vogël derisa të përftoni një shurup të trashë. Lëreni të ftohet. Rrihni gjalpin ose margarinën dhe sheqerin pluhur derisa të zbuten, më pas përzieni shurupin dhe vendosni ëmbëlsirat së bashku me një të tretën e brymës në një sanduiç. Përhapeni gjysmën e brymës së mbetur në anë të tortës, më pas shtypni sipër pekanët e grirë. Përhapeni pjesën më të madhe të kremës së mbetur sipër dhe tubojini disa rozeta krem.

Tortë me kumbulla dhe kanellë

Përgatit një tortë 23 cm

350 g / 12 oz / 1½ filxhan gjalpë ose margarinë, i zbutur

175 g / 6 oz / ¾ filxhan sheqer pluhur (shumë i imët)

3 vezë

150 g / 5 oz / 1¼ filxhan miell (maja) që rritet vetë

5 ml / 1 lugë çaji pluhur pjekjeje

5 ml / 1 lugë çaji kanellë të bluar

350 g / 12 oz / 2 gota sheqer ëmbëlsirash, i situr

5 ml / 1 lugë e vogël lëvozhgë portokalli të grirë imët

100 g / 4 oz / 1 filxhan lajthi, të bluara trashë

300 g / 11 oz / 1 kumbulla të thata mesatare, të kulluara

Rrihni gjysmën e gjalpit ose margarinës dhe sheqerin pluhur derisa të bëhet shkumë. Rrihni gradualisht vezët, më pas shtoni miellin, pluhurin për pjekje dhe kanellën. Vendoseni në një tepsi (kallëp) katror të lyer me vaj dhe të lyer 23 cm dhe piqeni në furrë të parangrohur në 180°C për 40 minuta, derisa një hell i futur në qendër të dalë i pastër. Hiqeni nga forma dhe lëreni të ftohet.

Rrihni gjalpin ose margarinën e mbetur derisa të zbutet, më pas përzieni sheqerin pluhur dhe lëkurën e portokallit të grirë, tortën e prisni në gjysmë horizontalisht dhe më pas shpërndani dy të tretat e brymës në të dy gjysmat. Përhapeni pjesën më të madhe të kremës së mbetur në majë dhe në anët e tortës. Shtypni pecanët në anë të kekut dhe rregulloni bukur kumbullat sipër. Mbyllni në mënyrë dekorative kremin e mbetur rreth skajit të sipërm të tortës.

Shtresa prerëse Gâteau

Prej saj bëjmë një kek 25 cm

Për tortën:

225 g / 8 oz / 1 filxhan gjalpë ose margarinë

300 g / 10 oz / 2¼ filxhan sheqer pluhur (shumë i imët)

3 vezë të ndara

450 g / 1 lb / 4 gota miell për të gjitha përdorimet

5 ml / 1 lugë çaji pluhur pjekjeje

5 ml / 1 lugë çaji sodë buke (pluhur pjekje)

5 ml / 1 lugë çaji kanellë të bluar

5 ml / 1 lugë arrëmyshk i grirë

2,5 ml / ½ lugë çaji karafil të grimcuar

një majë kripë

250 ml / 8 ml oz / 1 filxhan krem i rëndë (i lehtë)

225 g / 8 oz / 11/3 filxhan kumbulla të thara të gatuara me gurë (me gurë), të grira hollë

Për mbushjen:

250 ml / 8 ml oz / 1 filxhan krem i rëndë (i lehtë)

100 g / 4 oz / ½ filxhan sheqer pluhur (shumë i imët)

3 te verdha veze

225 g / 8 oz / 11/3 filxhan kumbulla të thata të gatuara, pa kore

30 ml / 2 lugë gjelle lëvozhgë portokalli të grirë në rende

5 ml / 1 lugë esencë vanilje (ekstrakt)

50 g / 2 oz / ½ filxhan arra të përziera të copëtuara

Përzieni gjalpin ose margarinën dhe sheqerin për kekun. Shtoni gradualisht të verdhën e vezës, më pas shtoni miellin, pluhurin për pjekje, sodën e bukës, erëzat dhe kripën. Shtoni kremin dhe kumbullat e thata. Rrihni të bardhat e vezëve në një shkumë të fortë dhe më pas përzieni në masë. Hidheni në tre tepsi (tepsi) sanduiçësh të lyer me yndyrë dhe miell 10/25 cm dhe piqini në furrë të nxehur më parë në 180°C/350°F/gaz 4 për 25 minuta, derisa të skuqen mirë dhe të kenë elasticitet në prekje. Lëreni të ftohet.

Përbërësit për mbushjen i përziejmë mirë, përveç arrave. Vendoseni në një tenxhere dhe gatuajeni në zjarr të ulët derisa të trashet, duke e përzier vazhdimisht. Përhapeni një të tretën e mbushjes mbi petullën dhe spërkatni me një të tretën e pekanëve. Vendoseni tortën e dytë sipër dhe sipër me gjysmën e brymës së mbetur dhe gjysmën e pjekëve të mbetura. Sipër vendoseni kekun e fundit dhe lyejeni me brymën e mbetur dhe arrat.

tortë me vija ylber

Përgatit një tortë 18 cm

Për tortën:

100 g / 4 oz / ½ filxhan gjalpë ose margarinë, i zbutur

225 g / 8 oz / 1 filxhan sheqer pluhur (shumë i imët)

3 vezë të ndara

225 g / 8 oz / 2 gota miell për të gjitha përdorimet

një majë kripë

120 ml / 4 ml oz / ½ filxhan qumësht plus pak

5 ml / 1 lugë krem tartar

2,5 ml / ½ lugë çaji sodë buke (pluhur pjekje)

Disa pika esencë limoni (ekstrakt)

Disa pika ngjyrues ushqimor të kuq.

10 ml / 2 lugë kakao pluhur (çokollatë pa sheqer)

Për mbushje dhe ngrirje (glazurë):

225 g / 8 oz / 11/3 filxhan sheqer ëmbëlsirash, i situr

50 g / 2 oz / ¼ filxhan gjalpë ose margarinë, të zbutur

10 ml / 2 lugë çaji ujë të ngrohtë

5 ml / 1 lugë qumësht

2,5 ml / ½ lugë çaji esencë vanilje (ekstrakt)

dekoroj fijet e sheqerit me ngjyra

Për tortën, përzieni gjalpin ose margarinën dhe sheqerin derisa të bëhet shkumë. Hidhni gradualisht të verdhën e vezës, më pas shtoni miellin dhe kripën në mënyrë alternative me qumështin. Përzieni kremin e tartarit dhe sodën e bukës me pak qumësht, më pas përzieni në masë. Rrahim të bardhat e vezëve në një shkumë të fortë dhe më pas i përziejmë në masë me një lugë metalike. Ndani përzierjen në tre pjesë të barabarta. Përzieni esencën e limonit në tasin e parë, ngjyrën e kuqe ushqimore në të dytën dhe kakaon në të tretën. Masën e derdhim në format e ëmbëlsirave të lyera me yndyrë dhe të rreshtuara 18 cm (kallëpët) dhe e pjekim në furrë të parangrohur në 180°C për 25 minuta derisa të marrin ngjyrë kafe të artë dhe të marrin ngjyrë elastike në prekje.

Për të bërë kremin, vendosni pluhurin e sheqerit në një tas dhe bëni një pus në qendër. Përziejini gradualisht gjalpin ose margarinë, ujin, qumështin dhe thelbin e vaniljes derisa të keni një përzierje të lyer. Përhapeni një të tretën e masës mbi sanduiçët, më pas shpërndajeni pjesën tjetër sipër dhe anëve të tortës, duke gërvishtur sipërfaqen me një pirun. E spërkasim sipër me sheqer me ngjyrë.

Gateau St-Honoré

Prej saj bëjmë një kek 25 cm

Për pastën choux (makarona):
50 g / 2 oz / ¼ filxhan gjalpë pa kripë ose margarinë (e ëmbël)

150 ml / ¼ pt / 2/3 filxhan qumësht

një majë kripë

50 g / 2 oz / ½ filxhan miell për të gjitha përdorimet

2 vezë të rrahura lehtë

225 gr petë sfungjerësh

1 e verdhe veze

Për karamelin:
225 g / 6 oz / ¾ filxhan sheqer pluhur (shumë i imët)

90 ml / 6 lugë gjelle ujë

Për mbushje dhe dekorim:
5 ml / 1 lugë xhelatinë pluhur

15 ml / 1 lugë gjelle ujë

1 porcion krem me krem vanilje

3 te bardha veze

175 g / 6 oz / ¾ filxhan sheqer pluhur (shumë i imët)

90 ml / 6 lugë gjelle ujë

Për të bërë pastën choux (makarona), shkrini gjalpin me qumësht dhe kripë në zjarr të ulët. E lëmë shpejt të vlojë, më pas e heqim zjarrin, shtojmë shpejt miellin dhe e përziejmë derisa brumi të shkëputet nga ana e tiganit. Lërini të ftohen pak, pastaj rrihni gradualisht vezët dhe vazhdoni t'i rrihni derisa të bëhen të lëmuara dhe me shkëlqim.

E shtrijmë petën në formë rrethi 26 cm, e vendosim në një tepsi të lyer me vaj dhe e shpojmë me pirun. Transferoni brumin choux në një qese të thjeshtë tubacioni të pajisur me një hundë (majë) 1 cm / ½ inç dhe bëni një rreth rreth skajit të brumit. Vizatoni një rreth tjetër në gjysmë të rrugës në qendër. Rrotulloni brumin e mbetur të choux në topa të vegjël në një tavë të veçantë të lyer me yndyrë. E lyejmë të gjithë brumin me të verdhën e vezës dhe e pjekim në furrë të parangrohur në temperaturën 220°C/425°F/gaz 7 për 12 minuta për topat choux dhe 20 minuta për bazën, derisa të marrin ngjyrë kafe të artë dhe të ngjallet.

Për të bërë karamelin, shpërndani sheqerin në ujë dhe më pas gatuajeni pa e përzier për rreth 8 minuta në 160°C derisa të keni një karamel të lehtë. E lyejmë unazën e jashtme me karamel, pak nga pak. Lyejeni gjysmën e sipërme të topthave në karamel, më pas shtypini në unazën e jashtme të brumit.

Për të përgatitur mbushjen, spërkatni xhelatinën me ujë në një enë dhe lëreni të shkumëzojë. Vendoseni enën në një enë me ujë të ngrohtë dhe lëreni të qëndrojë derisa të tretet. Lëreni të ftohet pak, më pas shtoni kremin e vaniljes. Rrihni të bardhat e vezëve në një shkumë të fortë. Ndërkohë, zieni sheqerin dhe ujin në 120°C, ose derisa një pikë ujë i ftohtë të formojë një top të fortë. Përziejini gradualisht të bardhat e vezëve dhe rrihni derisa të ftohen. Shtoni pudingun. Vendosim kremin e pastiçerise ne qender te kekut dhe e leme te ftohet para se ta servirim.

Strawberry Choux Gâteau

Përgatit një tortë 23 cm

50 g / 2 oz / ¼ filxhan gjalpë ose margarinë

150 ml / ¼ pt / 2/3 filxhan ujë

75 g / 3 oz / 1/3 filxhan miell për të gjitha përdorimet

një majë kripë

2 vezë të rrahura lehtë

50 g / 2 oz / 1/3 filxhan sheqer ëmbëlsirash, i situr

300 ml / ½ pt / 1¼ filxhan krem i dyfishtë (i rëndë)

225 gr luleshtrydhe të prera në gjysmë

25 g / 1 oz / ¼ filxhan bajame të grira (të prera)

Në një tigan hedhim gjalpin ose margarinën dhe ujin dhe e vëmë ngadalë të vlojë. E heqim nga zjarri dhe e përziejmë shpejt miellin dhe kripën, rrahim gradualisht vezët derisa masa të bëhet me shkëlqim dhe të largohet nga anët e tiganit. Hidhni lugë nga përzierja në formë rrethi në një formë keku të lyer me yndyrë për të formuar një kek të rrumbullakët dhe piqini në një furrë të parangrohur në 220°C/425°F/gaz shenjë 7 për 30 minuta derisa të marrin ngjyrë kafe të artë. Lëreni të ftohet. Presim tortën në gjysmë horizontalisht. Rrihni pluhurin e sheqerit në krem. Vendosini gjysmat së bashku me kremin, luleshtrydhet dhe bajamet në një sanduiç.

kek kafeje

Prej saj bëjmë një kek 20 cm

100 g / 4 oz / ½ filxhan gjalpë ose margarinë, i zbutur

100 g / 4 oz / ½ filxhan sheqer pluhur (shumë i imët)

2 vezë të rrahura lehtë

2,5 ml / ½ lugë esencë kafeje (ekstrakt) ose kafe e zezë e fortë

150 g / 5 oz / 1¼ filxhan miell (maja) që rritet vetë

2,5 ml / ½ lugë e vogël pluhur pjekjeje

Brymë me gjalpë kafeje

30 ml / 2 lugë gjelle arra të përziera të copëtuara (opsionale)

Rrahim gjalpin ose margarinën dhe sheqerin derisa të bëhet shkumë. Shtoni gradualisht esencën e vezës dhe kafesë, më pas shtoni miellin dhe pluhurin për pjekje. Hidheni në dy tepsi (tava) për sanduiç të lyer me yndyrë dhe rreshtim 20 cm dhe piqini në një furrë të parangrohur në 160°C / 325°F / pikë gazi 3 për 20 minuta derisa të preken me elasticitet. Ftoheni në tigan për 4 minuta, më pas vendoseni në një raft teli për të përfunduar ftohjen. Lyejmë ëmbëlsirat me gjysmën e gjalpës, pastaj pjesën tjetër e shtrojmë sipër dhe i shpojmë mostrat me pirun. Spërkateni me arra sipas dëshirës.

Tortë me kafe Streusel

Prej saj bëjmë një kek 20 cm

50 g / 2 oz / ¼ filxhan gjalpë ose margarinë, të zbutur

100 g / 4 oz / ½ filxhan sheqer pluhur (shumë i imët)

1 vezë e rrahur lehtë

10 ml / 2 lugë çaji esencë kafeje (ekstrakt)

100 g / 4 oz / 1 filxhan miell që ngrihet vetë

një majë kripë

75 g / 3 oz / ½ filxhan sulltane (rrush të thatë)

60 ml / 4 lugë qumësht Për majë:

50 g / 2 oz / ¼ filxhan gjalpë ose margarinë

30 ml / 2 lugë miell për të gjitha përdorimet

75 g / 3 oz / 1/3 filxhan sheqer kafe të butë

10 ml / 2 lugë çaji kanellë të bluar

50 g / 2 oz / ½ filxhan arra të përziera të copëtuara

Rrahim gjalpin ose margarinën dhe sheqerin derisa të bëhet shkumë. Shtojmë pak nga pak thelbin e vezëve dhe kafen, më pas shtojmë miellin dhe kripën. Shtoni sulltanat dhe qumështin e mjaftueshëm për të bërë një konsistencë të butë.

Për të bërë majë, fërkoni gjalpin ose margarinën me miellin, sheqerin dhe kanellën derisa masa të ngjajë me thërrimet e bukës. Shtoni arrat. Gjysmën e majës e shtrijmë në fund të një tavëje të lyer me yndyrë dhe të shtruar (formë) 20 cm. Hidhni përzierjen e kekut dhe spërkatni me pjesën e mbetur të sipërme. Piqeni në furrë të nxehur më parë në 220°C për 15 minuta derisa të skuqen dhe të jenë elastike në prekje.

tortë drip shtëpi në fermë

Përgatit një tortë 18 cm

225 g / 8 oz / 11/3 filxhan fruta të thata të përziera (përzierje për kek frutash)

75 g / 3 oz / 1/3 filxhan pikime viçi (gjalpë)

150 g / 5 oz / 2/3 filxhan sheqer kafe të butë

250 ml / 8 ml oz / 1 filxhan ujë

225 g / 8 oz / 2 gota miell gruri integral (gruri integral)

5 ml / 1 lugë çaji pluhur pjekjeje

2,5 ml / ½ lugë çaji sodë buke (pluhur pjekje)

5 ml / 1 lugë çaji kanellë të bluar

Një majë arrëmyshk të grirë

Një majë karafil të bluar

Frutat, pikimet, sheqerin dhe ujin i vendosni të ziejnë në një tenxhere me fund të rëndë dhe ziejini për 10 minuta. Lëreni të ftohet. Përziejini përbërësit e tjerë në një enë, më pas derdhni masën e shkrirë dhe përzieni butësisht. Hidheni në një tepsi (tepsi) të lyer me yndyrë dhe të shtruar 18 cm dhe piqeni në furrë të parangrohur në 180°C/350°F/gaz 4 për 1,5 orë, derisa të fryhet mirë dhe të tkurret nga anët e tortës.

Bukë me xhenxhefil amerikan me salcë limoni

Prej saj bëjmë një kek 20 cm

225 g / 8 oz / 1 filxhan sheqer pluhur (shumë i imët)

50 g / 2 oz / ¼ filxhan gjalpë ose margarinë, të shkrirë

30 ml / 2 lugë gjelle melasa me rrip të zi (melasa)

2 të bardha veze të rrahura lehtë

225 g / 8 oz / 2 gota miell për të gjitha përdorimet

5 ml / 1 lugë çaji sodë buke (pluhur pjekje)

5 ml / 1 lugë çaji kanellë të bluar

2,5 ml / ½ lugë çaji karafil të grimcuar

1,5 ml / ¼ lugë çaji xhenxhefil të bluar

një majë kripë

250 ml / 8 ml oz / 1 filxhan dhallë

Për salcën:

100 g / 4 oz / ½ filxhan sheqer pluhur (shumë i imët)

30 ml / 2 lugë gjelle miell misri (niseshte misri)

një majë kripë

Një majë arrëmyshk të grirë

250 ml / 8 ml oz / 1 filxhan ujë të valë

15 g / ½ oz / 1 lugë gjelle gjalpë ose margarinë

30 ml / 2 lugë gjelle lëng limoni

2,5 ml / ½ lugë çaji lëvozhgë limoni të grirë imët

Përzieni sheqerin, gjalpin ose margarinën dhe melasën. Shtoni të bardhat e vezëve. Përzieni miellin, sodën e bukës, erëzat dhe kripën. Shtoni përzierjen e miellit dhe dhallën në mënyrë alternative në përzierjen e gjalpit dhe sheqerit derisa të kombinohen mirë. Vendosim në një formë keku të lyer me yndyrë dhe miell 20 cm dhe e pjekim në furrë të parangrohur në 200°C për 35 minuta, derisa një hell i futur në qendër të dalë i pastër. Lëreni të ftohet në tigan për 5 minuta përpara se ta vendosni në një raft teli për të përfunduar ftohjen. Torta mund të shërbehet e ftohtë ose e ngrohtë.

Për të bërë salcën, vendosni sheqerin, niseshtën e misrit, kripën, arrëmyshkun dhe ujin në një tenxhere të vogël në zjarr të ulët dhe përzieni derisa të bashkohen mirë. Gatuani në zjarr të ulët, duke e trazuar, derisa masa të jetë e trashë dhe e qartë. Shtoni gjalpin ose margarinën dhe lëngun dhe lëkurën e limonit dhe përzieni. Hidhni bukë me xhenxhefil gjatë servirjes.

kek me xhenxhefil kafeje

Prej saj bëjmë një kek 20 cm

200 g / 7 oz / 1¾ filxhan miell që ngrihet vetë

10 ml / 2 lugë çaji xhenxhefil të bluar

10 ml / 2 lugë çaji kokrriza kafeje të menjëhershme

100 ml / 4 ml oz / ½ filxhan ujë të ngrohtë

100 g / 4 oz / ½ filxhan gjalpë ose margarinë

75 g / 3 oz / ¼ filxhan shurup ari (misër i lehtë)

50 g / 2 oz / ¼ filxhan sheqer kafe të butë

2 vezë të rrahura

Përzieni miellin dhe xhenxhefilin. Shkrihet kafeja në ujë të nxehtë. Shkrijmë margarinën, shurupin dhe sheqerin dhe i përziejmë me përbërësit e thatë. Shtoni kafen dhe vezët. Hidheni në një tepsi (kallëp) të lyer me yndyrë dhe të rreshtuar 20 cm dhe piqeni në furrë të parangrohur në 180°C për 40-45 minuta, derisa të skuqet dhe të bëhet elastik në prekje.

Tortë me krem me xhenxhefil

Prej saj bëjmë një kek 20 cm

175 g / 6 oz / ¾ filxhan gjalpë ose margarinë, të zbutur

150 g / 5 oz / 2/3 filxhan sheqer kafe të butë

3 vezë të rrahura lehtë

175 g / 6 oz / 1½ filxhan miell që ngrihet vetë

15 ml / 1 lugë gjelle xhenxhefil të bluar Për mbushjen:

150 ml / ¼ pt / 2/3 filxhan krem të dyfishtë (i rëndë)

15 ml / 1 lugë gjelle sheqer pluhur (pastiçeri), i situr

5 ml / 1 lugë gjelle xhenxhefil të bluar

Rrahim gjalpin ose margarinën dhe sheqerin derisa të bëhet shkumë. Shtojmë pak nga pak vezën, më pas miellin dhe xhenxhefilin dhe i përziejmë mirë. Hidheni në dy tepsi (tava) sanduiç të lyer me yndyrë dhe rreshtim 20 cm dhe piqini në një furrë të parangrohur në 180°C / 350°F / pikë gazi 4 për 25 minuta derisa të ngrihen mirë dhe të kenë elasticitet në prekje. Lëreni të ftohet.

Rrihni kremin me sheqerin dhe xhenxhefilin në një shkumë të fortë, më pas përdoreni për ëmbëlsira.

kek me xhenxhefil liverpool

Prej saj bëjmë një kek 20 cm

100 g / 4 oz / ½ filxhan gjalpë ose margarinë

100 g / 4 oz / ½ filxhan sheqer demerara

30 ml / 2 lugë gjelle shurup ari (misër i lehtë)

225 g / 8 oz / 2 gota miell për të gjitha përdorimet

2,5 ml / ½ lugë çaji sodë buke (pluhur pjekje)

10 ml / 2 lugë çaji xhenxhefil të bluar

2 vezë të rrahura

225 g / 8 oz / 11/3 filxhan sulltane (rrush të thatë)

50 g / 2 oz / ½ filxhan xhenxhefil i kristalizuar (i ëmbëlsuar), i grirë

Shkrini gjalpin ose margarinën me sheqerin dhe shurupin në zjarr të ulët. Hiqeni nga zjarri, shtoni përbërësit e thatë dhe vezën dhe përziejini mirë. Shtoni sulltananë dhe xhenxhefilin. Hidheni në një formë keku të lyer me yndyrë dhe të rreshtuar 20 cm dhe piqeni në furrë të parangrohur në 150°C, me pikën 3 të gazit, për një orë e gjysmë derisa të bëhet elastik në prekje. Torta mund të zhytet pak në mes. Lëreni të ftohet në kuti.

kek me xhenxhefil me bollgur

Bën një tortë prej 35 x 23 cm / 14 x 9

225 g / 8 oz / 2 gota miell gruri integral (gruri integral)

75 g / 3 oz / ¾ filxhan bollgur

5 ml / 1 lugë çaji sodë buke (pluhur pjekje)

5 ml / 1 lugë krem tartar

15 ml / 1 lugë gjelle xhenxhefil të bluar

225 g / 8 oz / 1 filxhan gjalpë ose margarinë

225 g / 8 oz / 1 filxhan sheqer kafe të butë

Përzieni miellin, tërshërën, sodën e bukës, kremin e tartarit dhe xhenxhefilin në një tas. Lyejeni me gjalpë ose margarinë derisa përzierja të ngjajë me thërrimet e bukës. Shtoni sheqerin. Masën e shtypim fort në një tavë të lyer me yndyrë 35 x 23 cm 14 x 9 dhe e pjekim në furrë të parangrohur në 160°C deri në kafe të artë për 30 minuta. Pritini në katrorë ndërsa është ende i ngrohtë dhe lëreni të ftohet plotësisht në kuti.

Biskota me xhenxhefil portokalli

Përgatit një tortë 23 cm

450 g / 1 lb / 4 gota miell për të gjitha përdorimet

5 ml / 1 lugë çaji kanellë të bluar

2,5 ml / ½ lugë e vogël xhenxhefil të bluar

2,5 ml / ½ lugë çaji sodë buke (pluhur pjekje)

175 g / 6 oz / 2/3 filxhan gjalpë ose margarinë

175 g / 6 oz / 2/3 filxhan sheqer pluhur (shumë i imët)

75 g / 3 oz / ½ filxhan lëvozhgë portokalli me lustër (të ëmbëlsuar), të copëtuar

Lëvozhga e grirë dhe lëngu i gjysmë portokalli të madh

175 g / 6 oz / ½ filxhan shurup ari (misër i lehtë), i ngrohtë

2 vezë të rrahura lehtë

Pak qumësht

Përzieni miellin, erëzat dhe pluhurin për pjekje së bashku, më pas lyeni me gjalpë ose margarinë derisa masa të ngjajë me thërrimet e bukës. Shtoni sheqerin, lëkurën e portokallit dhe lëkurën dhe bëni një pus në qendër. Përzieni lëngun e portokallit dhe shurupin e nxehtë, më pas shtoni vezët derisa të jenë të lëmuara dhe të lëngshme, duke shtuar edhe pak qumësht nëse është e nevojshme. I rrahim mirë, më pas e hedhim në një tavë katrore të lyer me yndyrë 23 cm dhe e pjekim në furrë të parangrohur në 160°C për 1 orë derisa të skuqet dhe të bëhet elastik në prekje.

biskota ngjitëse me kek me xhenxhefil

Prej saj bëjmë një kek 25 cm

275 g / 10 oz / 2½ filxhan miell për të gjitha përdorimet

10 ml / 2 lugë çaji kanellë të bluar

5 ml / 1 lugë çaji sodë buke (pluhur pjekje)

100 g / 4 oz / ½ filxhan gjalpë ose margarinë

175 g / 6 oz / ½ filxhan shurup ari (misër i lehtë)

175 g / 6 oz / ½ filxhan melasa me rrip të zi (melasë)

100 g / 4 oz / ½ filxhan sheqer kafe të butë

2 vezë të rrahura

150 ml / ¼ pt / 2/3 filxhan ujë të nxehtë

Përzieni miellin, kanellën dhe pluhurin për pjekje. Shkrijmë gjalpin ose margarinën me shurupin, melasën dhe sheqerin dhe më pas e hedhim në përbërësit e thatë. Shtoni vezët dhe ujin dhe përziejini mirë. Hidheni në një tepsi (kallëp) të lyer me yndyrë dhe të rreshtuar 25 cm katror. E pjekim në furrë të parangrohur në 180°C për 40-45 minuta derisa të skuqen dhe të jenë elastike në prekje.

kek me xhenxhefil me grurë të plotë

Përgatit një tortë 18 cm

100 g / 4 oz / 1 filxhan miell për të gjitha përdorimet

100 g / 4 oz / 1 filxhan miell gruri integral (gruri integral)

50 g / 2 oz / ¼ filxhan sheqer kafe të butë

50 g / 2 oz / 1/3 filxhan sulltana (rrush të thatë)

10 ml / 2 lugë çaji xhenxhefil të bluar

5 ml / 1 lugë çaji kanellë të bluar

5 ml / 1 lugë çaji sodë buke (pluhur pjekje)

një majë kripë

100 g / 4 oz / ½ filxhan gjalpë ose margarinë

30 ml / 2 lugë gjelle shurup ari (misër i lehtë)

30 ml / 2 lugë gjelle melasa me rrip të zi (melasa)

1 vezë e rrahur lehtë

150 ml / ¼ pt / 2/3 filxhan qumësht

Përzieni përbërësit e thatë. Shkrini gjalpin ose margarinën me shurupin dhe melasën, më pas përzieni përbërësit e thatë me vezët dhe qumështin. Hidheni në një kallëp (kallëp) për kek të lyer me vaj dhe të shtruar 18 cm dhe piqeni në furrë të parangrohur në 160°C për 1 orë derisa të bëhet pak elastik në prekje.

Tortë me mjaltë dhe bajame

Prej saj bëjmë një kek 20 cm

250 g / 9 oz karota të grira

65 g / 2½ oz bajame, të grira hollë

2 vezë

100 g / 4 oz / 1/3 filxhan mjaltë të lehtë

60 ml / 4 lugë vaj

150 ml / ¼ pt / 2/3 filxhan qumësht

100 g / 4 oz / 1 filxhan miell gruri integral (gruri integral)

25 g / 1 oz / ¼ filxhan miell për të gjitha përdorimet

10 ml / 2 lugë çaji kanellë të bluar

2,5 ml / ½ lugë çaji sodë buke (pluhur pjekje)

një majë kripë

glazurë limoni

Disa bajame të grira (të prera) për zbukurim

Përzieni karotat dhe arrat. Në një enë të veçantë rrihni vezët, më pas përzieni mjaltin, vajin dhe qumështin, shtoni karotat dhe arrat, më pas shtoni përbërësit e thatë. Hidheni në një tepsi (kallëp) të lyer me yndyrë dhe të rreshtuar 20 cm dhe piqeni në furrë të parangrohur në 150°C për 1-1¼ orë derisa të skuqet dhe të jetë e freskët në prekje. Lëreni të ftohet në tigan përpara se ta jepni formë. E mbulojmë me glazurë limoni dhe më pas e zbukurojmë me bajame të grira.

kek me akullore me limon

Përgatit një tortë 18 cm

100 g / 4 oz / ½ filxhan gjalpë ose margarinë, i zbutur

100 g / 4 oz / ½ filxhan sheqer pluhur (shumë i imët)

2 vezë

100 g / 4 oz / 1 filxhan miell për të gjitha përdorimet

50 g / 2 oz / ½ filxhan oriz i bluar

2,5 ml / ½ lugë e vogël pluhur pjekjeje

Lëkurë e grirë dhe lëng 1 limoni

100 g / 4 oz / 2/3 filxhan sheqer ëmbëlsirash, i situr

Rrahim gjalpin ose margarinën dhe sheqerin derisa të bëhet shkumë. Përziejini vezët një nga një, duke i rrahur mirë pas çdo shtimi. Përzieni miellin, orizin e bluar, pluhurin për pjekje dhe lëkurën e limonit, më pas përzieni në masë. Hidheni në një formë keku të lyer me vaj dhe të shtruar 18 cm dhe piqeni në furrë të parangrohur në 180°C, me pikën 4 të gazit, për 1 orë deri sa të bëhet elastik në prekje. Hiqeni nga forma dhe lëreni të ftohet.

Përzieni sheqerin pluhur me pak lëng limoni derisa të bëhet një masë homogjene. E vendosim mbi kek dhe e leme te pushoje.

unazë akulloreje

Për 4-6 racione

150 ml / ¼ pt / 2/3 filxhan qumësht të ngrohtë

2,5 ml / ½ lugë maja e thatë

25 g / 1 oz / 2 lugë gjelle sheqer pluhur (shumë i imët)

25 g / 1 oz / 2 lugë gjelle gjalpë ose margarinë

225 g / 8 oz / 2 gota miell të rëndë (bukë).

1 vezë të rrahur për mbushje:

50 g / 2 oz / ¼ filxhan gjalpë ose margarinë, të zbutur

50 g / 2 oz / ¼ filxhan bajame të bluara

50 g / 2 oz / ¼ filxhan sheqer kafe të butë

Për veshjen:
100 g / 4 oz / 2/3 filxhan sheqer ëmbëlsirash, i situr

15 ml / 1 lugë gjelle ujë të ngrohtë

30 ml / 2 lugë gjelle bajame të grira (të prera)

Hidhni qumështin me majanë dhe sheqerin dhe përzieni. Lëreni në një vend të ngrohtë derisa të bëhet shkumë. Thërrmoni gjalpin ose margarinën me miellin. Shtoni përzierjen e majave dhe vezën dhe rrihni mirë. E mbulojmë tasin me letër të lyer me vaj (mbështjellës plastik) dhe e lëmë në një vend të ngrohtë për 1 orë. E gatuajmë sërish dhe më pas e japim formë drejtkëndëshi rreth 30 x 23 cm. Me brumin lyejmë gjalpë ose margarinë të përgatitur për mbushjen dhe spërkasim me bajame të bluara dhe sheqer. Rrotulloni në një salsiçe të gjatë dhe i jepni formë unaze dhe mbyllni skajet me pak ujë. Pritini dy të tretat e rrotullës me përafërsisht. Hapësirë 1½/3 cm dhe vendoseni në një tepsi të lyer me yndyrë. Lëreni për 20 minuta në një vend të ngrohtë. Piqeni në furrë të parangrohur në 200°C/425°F/gaz 7 për 15 minuta. Uleni temperaturën e furrës në 180°C/350°F/gaz 4 për 15 minuta të tjera.

Ndërkohë përzieni sheqerin pluhur dhe ujin për të bërë një glazurë. Kur te jete ftohur e shtrojme mbi kek dhe e dekorojme me bajame.

tortë e zonjës

Bën një tortë prej 23 x 18 cm / 9 x 7

15 g / ½ oz maja e freskët ose 20 ml / 4 lugë çaji maja e thatë

5 ml / 1 lugë sheqer pluhur (shumë i imët)

300 ml / ½ pt / 1¼ filxhan ujë të ngrohtë

150 g / 5 oz / 2/3 filxhan sallo (dhjamë vegjetale)

450 g / 1 lb / 4 filxhanë miell për përdorim të gjithanshëm (për bukë)

një majë kripë

100 g / 4 oz / 2/3 filxhan sulltana (rrush të thatë)

100 g / 4 oz / 2/3 filxhan mjaltë të lehtë

Përziejmë majanë me sheqerin dhe pak ujë të ngrohtë dhe e lëmë në një vend të ngrohtë për 20 minuta derisa të bëhet shkumë.

Fërkoni 25 g / 1 oz / 2 lugë sallo në miell dhe kripë dhe bëni një pus në qendër. Shtoni masën e majave dhe ujin e ngrohtë të mbetur dhe përzieni derisa të përftoni një brumë të fortë. Ziejeni derisa të jetë e qetë dhe elastike. Vendoseni në një enë të lyer me vaj, mbulojeni me folie të lyer me vaj (film plastik) dhe lëreni në një vend të ngrohtë për rreth. 1 orë derisa të dyfishohet në masë.

Pritini gjalpin e mbetur në kubikë. Ziejeni përsëri brumin dhe më pas hapeni për rreth. për një drejtkëndësh 35 x 23 cm. Dy të tretat e sipërme të brumit i mbulojmë me një të tretën e yndyrës, një të tretën e sulltanave dhe një të katërtën e mjaltit. Palosni të tretën normale të brumit mbi mbushje, më pas palosni të tretën e sipërme mbi të. Mbërtheni skajet së bashku për t'u mbyllur, më pas kthejeni brumin një çerek kthese në mënyrë që palosja të jetë në anën e majtë. Hapeni dhe përsërisni procesin edhe dy herë të tjera për të përdorur të gjithë yndyrën dhe sulltanat. E vendosim në një tepsi të lyer me yndyrë (torte) dhe sipër e bëjmë një kryq me thikë. Mbulojeni dhe lëreni në një vend të ngrohtë për 40 minuta.

E pjekim në furrë të parangrohur në 220°C/425°F/gaz 7 për 40 minuta. Spërkateni sipër me mjaltin e mbetur dhe lëreni të ftohet.

Tortë me fara Lardy Caraway

Bën një tortë prej 23 x 18 cm / 9 x 7

450 g / 1 lb brumë bazë për bukë të bardhë

175 g / 6 oz / ¾ filxhan sallo (dhjamë vegjetale), e prerë në kubikë

175 g / 6 oz / ¾ filxhan sheqer pluhur (shumë i imët)

15 ml / 1 lugë qimnon

Përgatitni brumin dhe më pas hapeni në një sipërfaqe të lyer pak me miell në një drejtkëndësh përafërsisht 35 x 23 cm. Spërkatni dy të tretat e sipërme të brumit me gjysmën e yndyrës dhe gjysmën e sheqerit, më pas palosni brumin e thjeshtë. Një të tretën e brumit dhe palosni sipër të tretën. E japim brumin një çerek kthese që palosja të jetë në anën e majtë, pastaj e hapim përsëri dhe e spërkasim me gjalpin e mbetur dhe sheqerin dhe qimnon në të njëjtën mënyrë. E palosim sërish, i japim formë që të përshtatet me një tavë (tepsi) dhe sipër e presim në formë diamanti. Mbulojeni me petë të lyer me vaj (mbështjellës plastik) dhe lëreni në një vend të ngrohtë për rreth. 30 minuta derisa të dyfishohet në madhësi.

E pjekim në furrë të parangrohur në 200°C/400°F/gaz 6 për 1 orë. Lëreni të ftohet në tigan për 15 minuta që yndyra të përthithet në brumë, më pas vendoseni në një raft teli që të ftohet plotësisht.

tortë mermeri

Prej saj bëjmë një kek 20 cm

175 g / 6 oz / ¾ filxhan gjalpë ose margarinë, të zbutur

175 g / 6 oz / ¾ filxhan sheqer pluhur (shumë i imët)

3 vezë të rrahura lehtë

225 g / 8 oz / 2 gota miell që rritet vetë (maja)

Disa pika esencë bajame (ekstrakt)

Disa pika ngjyrues ushqimor jeshil

Disa pika ngjyrues ushqimor të kuq.

Rrahim gjalpin ose margarinën dhe sheqerin derisa të bëhet shkumë. Shtoni gradualisht vezën dhe më pas miellin. Ndani përzierjen në tre pjesë. Shtoni thelbin e bajames në një të tretën, ngjyrën e gjelbër ushqimore në një të tretën dhe ngjyrën e kuqe ushqimore në të tretën e mbetur. Lugët e mëdha të tre përzierjeve hidhen në mënyrë alternative në një formë keku të lyer me yndyrë dhe të shtruar 20 cm (formë) dhe i pjekim në furrë të parangrohur në 180°C për 45 minuta derisa të zbuten. dhe fleksibël në prekje.

Tortë me shtresë Lincolnshire

Prej saj bëjmë një kek 20 cm

175 g / 6 oz / ¾ filxhan gjalpë ose margarinë

350 g / 12 oz / 3 gota miell për të gjitha përdorimet

një majë kripë

150 ml / ¼ pt / 2/3 filxhan qumësht

15 ml / 1 lugë maja e thatë Për mbushjen:

225 g / 8 oz / 11/3 filxhan sulltane (rrush të thatë)

225 g / 8 oz / 1 filxhan sheqer kafe të butë

25 g / 1 oz / 2 lugë gjelle gjalpë ose margarinë

2,5 ml / ½ lugë çaji të grirë për të gjitha përdorimet

1 vezë të ndara

Fërkoni gjysmën e gjalpit ose margarinës me miellin dhe kripën derisa masa të ngjajë me thërrimet e bukës. Ngroheni gjalpin ose margarinën e mbetur me qumështin derisa të ngrohet, më pas përzieni pak derisa të përftohet një pastë me majanë. Përzieni përzierjen e majave dhe qumështin dhe gjalpin e mbetur në përzierjen e miellit dhe gatuajeni derisa të jetë homogjene. E vendosim ne nje ene te lyer me vaj, e mbulojme dhe e leme ne nje vend te ngrohte per rreth 1 ore, derisa te dyfishohet ne permasa. Ndërkohë, përbërësit e mbushjes, përveç të bardhëve të vezëve, vendosini në një tigan në zjarr të ulët dhe ziejini derisa të shkrihet.

Hapni një të katërtën e brumit në 20 cm dhe lyeni me një të tretën e mbushjes. Përsëriteni me masën e mbetur të brumit dhe mbushjen, mbulojeni me një rreth brumi. Lyejmë skajet me të bardhë veze dhe mbyllim. E pjekim në furrë të parangrohur në 190°C/375°F/gaz 5 për 20 minuta. Lyejeni sipër me të bardhë veze dhe kthejeni në furrë për 30 minuta të tjera derisa të marrin ngjyrë kafe të artë.

tortë buke

Përgatit një kek 900 g

175 g / 6 oz / ¾ filxhan gjalpë ose margarinë, të zbutur

275 g / 10 oz / 1¼ filxhan sheqer pluhur (shumë i imët)

Lëkurë e grirë dhe lëng ½ limoni

120 ml / 4 ml oz / ½ filxhan qumësht

275 g / 10 oz / 2¼ filxhan miell (maja) që rritet vetë

5 ml / 1 lugë kripë

5 ml / 1 lugë çaji pluhur pjekjeje

3 vezë

Sheqer pluhur (e pasticerie), i situr, per pluhurosje

Rrihni gjalpin ose margarinën, sheqerin dhe lëkurën e limonit derisa të bëhet shkumë. Shtoni lëngun e limonit dhe qumështin, më pas përzieni miellin, kripën dhe pluhurin për pjekje dhe përziejini derisa të jetë homogjene. Shtoni gradualisht vezët duke i rrahur mirë pas çdo shtimi. Hidheni masën në një tepsi të lyer me yndyrë dhe të shtruar me 900 gr dhe piqeni në furrë të parangrohur në 150°F / 300°F / pikë e gazit 2 për 1¼ orë derisa të bëhet elastik në prekje. Lëreni të ftohet në tigan për 10 minuta përpara se ta hiqni nga tigani për të përfunduar ftohjen në një raft teli. Shërbejeni të spërkatur me sheqer pluhur.

kek me reçel

Përgatit një tortë 18 cm

175 g / 6 oz / ¾ filxhan gjalpë ose margarinë, të zbutur

175 g / 6 oz / ¾ filxhan sheqer pluhur (shumë i imët)

3 vezë të ndara

300 g / 10 oz / 2½ filxhan miell që rritet vetë (maja)

45 ml / 3 lugë gjelle reçel të trashë

50 g / 2 oz / 1/3 filxhan lëvozhgë të përzier (të ëmbëlsuar), të copëtuar

Lëkura e grirë e 1 portokalli

45 ml / 3 lugë gjelle ujë

Për ngrirjen (bricën):
100 g / 4 oz / 2/3 filxhan sheqer ëmbëlsirash, i situr

Lëng i 1 portokalli

Disa feta portokalli të kristalizuar (të ëmbëlsuar)

Rrahim gjalpin ose margarinën dhe sheqerin derisa të bëhet shkumë. Shtoni gradualisht të verdhën e vezës dhe më pas 15 ml/1 lugë gjelle miell. Përzieni marmeladën, lëkurën e përzier, lëkurën e portokallit dhe ujin, më pas përzieni miellin e mbetur, rrihni të bardhat e vezëve deri në maja të forta dhe më pas i vendosni në masë me një lugë metalike. Hidheni në një formë keku të lyer me vaj dhe të shtruar 18 cm dhe piqeni në furrë të nxehur më parë në 180°C për 1¼ orë derisa të skuqet dhe të jetë elastike në prekje. Lëreni të ftohet në tigan për 5 minuta, më pas transferojeni në një raft teli për të përfunduar ftohjen.

Për të bërë kremin, vendosni pluhurin e sheqerit në një tas dhe bëni një pus në qendër. Përpunoni gradualisht me lëng portokalli të mjaftueshëm për të arritur një konsistencë të përhapur. Hidheni tortën dhe anët dhe lëreni të forcohet. Dekoroni me feta portokalli të kristalizuara.

kek me fara lulekuqe

Prej saj bëjmë një kek 20 cm

250 ml / 8 ml oz / 1 filxhan qumësht

100 g / 4 oz / 1 filxhan fara lulekuqeje

225 g / 8 oz / 1 filxhan gjalpë ose margarinë, i zbutur

225 g / 8 oz / 1 filxhan sheqer kafe të butë

3 vezë të ndara

100 g / 4 oz / 1 filxhan miell për të gjitha përdorimet

100 g / 4 oz / 1 filxhan miell gruri integral (gruri integral)

5 ml / 1 lugë çaji pluhur pjekjeje

Qumështin me farat e lulëkuqes e vëmë në një tenxhere të vogël të ziejë, më pas e largojmë nga zjarri, e mbulojmë dhe e lëmë të ziejë për 30 minuta. Rrihni gjalpin ose margarinën dhe sheqerin lehtë dhe me gëzof. Përzieni gradualisht të verdhën e vezës, më pas shtoni miellin dhe pluhurin për pjekje. Shtoni farat e lulëkuqes dhe qumështin. Rrahim të bardhat e vezëve në një shkumë të fortë dhe më pas i përziejmë në masë me një lugë metalike. Vendoseni në një tavë (formë) të lyer me yndyrë dhe të shtruar 20 cm dhe piqeni në furrë të parangrohur në 180°C për 1 orë, derisa një hell i futur në qendër të dalë i pastër. Lëreni të ftohet në tigan për 10 minuta përpara se ta vendosni në një raft teli për të përfunduar ftohjen.

kek natyral me kos

Përgatit një tortë 23 cm

150 g / 5 oz kos të thjeshtë

150 ml / ¼ pt / 2/3 filxhan vaj

225 g / 8 oz / 1 filxhan sheqer pluhur (shumë i imët)

225 g / 8 oz / 2 gota miell që rritet vetë (maja)

10 ml / 2 lugë lugë pluhur pjekjeje

2 vezë të rrahura

Përziejini të gjithë përbërësit derisa të jenë të njëtrajtshëm, më pas hidhini në një tepsi për kek të lyer me yndyrë dhe të rreshtuar 9 inç. E pjekim në furrë të parangrohur në 160°C/325°F/gaz 3 për 1¼ orë derisa të preken. Lëreni të ftohet në kuti.

Pritini byrekun me puding

Përgatit një tortë 23 cm

Për mbushjen:

150 g / 5 oz / 2/3 filxhan kumbulla të thara pa kokrra, të prera në mënyrë të trashë

120 ml / 4 ml oz / ½ filxhan lëng portokalli

50 g / 2 oz / ¼ filxhan sheqer pluhur (shumë i imët)

30 ml / 2 lugë gjelle miell misri (niseshte misri)

175 ml / 6 ml oz / ¾ filxhan qumësht

2 te verdha veze

Lëvozhga e grirë imët e 1 portokalli

Për tortën:

175 g / 6 oz / ¾ filxhan gjalpë ose margarinë, të zbutur

225 g / 8 oz / 1 filxhan sheqer pluhur (shumë i imët)

3 vezë të rrahura lehtë

200 g / 7 oz / 1¾ filxhan miell për të gjitha përdorimet

10 ml / 2 lugë lugë pluhur pjekjeje

2,5 ml / ½ lugë arrëmyshk i grirë

75 ml / 5 lugë lëng portokalli

Fillimisht bëni mbushjen. Thithni kumbullat e thata në lëng portokalli për të paktën dy orë.

Përzieni sheqerin dhe miellin e misrit me pak qumësht derisa të përftoni një pastë. Në një tenxhere zieni qumështin e mbetur. Shtoni sheqerin dhe niseshtenë e misrit dhe përziejini mirë, më pas kthejeni në tiganin e shpëlarë dhe shtoni të verdhën e vezës. Shtojme lekuren e portokallit dhe e trazojme ne zjarr shume te ulet derisa te trashet, por mos e leme te zieje pudingun. E vendosim tavën në një enë me ujë të ftohtë dhe e përziejmë herë pas here pudingun teksa ftohet.

Për tortën, përzieni gjalpin ose margarinën dhe sheqerin derisa të bëhet shkumë. Rrihni vezët pak nga pak, më pas shtoni miellin, pluhurin për pjekje dhe arrëmyshk në mënyrë alternative me lëngun e portokallit. Hedhim gjysmën e brumit në një formë keku të lyer me yndyrë 23 cm, më pas shtrojmë pudingun sipër duke lënë një vrimë në buzë. Hidhni kumbullat e thata dhe lëngjet e njomjes mbi pudingun, më pas hidhni përzierjen e mbetur të kekut, duke u kujdesur që përzierja e kekut të shkrihet në mbushjen anash dhe të mbulojë plotësisht mbushjen. E pjekim në furrë të parangrohur në 200°C për 35 minuta derisa të marrin ngjyrë kafe të artë dhe të tkurret nga anët e tavës. Lëreni të ftohet në tigan përpara se ta jepni formë.

Tortë me mjedër me onde me glazurë çokollate

Prej saj bëjmë një kek 20 cm

175 g / 6 oz / ¾ filxhan gjalpë ose margarinë, të zbutur

175 g / 6 oz / ¾ filxhan sheqer pluhur (shumë i imët)

3 vezë të rrahura lehtë

225 g / 8 oz / 2 gota miell që rritet vetë (maja)

100 g mjedra Për krem (glazurë) dhe dekorim:

Krem me krem me çokollatë të bardhë

100 g / 4 oz / 1 filxhan çokollatë e thjeshtë (gjysmë e ëmbël)

Rrahim gjalpin ose margarinën dhe sheqerin derisa të bëhet shkumë. Shtoni gradualisht vezën dhe më pas miellin. Mjedrat grihen me pure dhe më pas fërkohen në një kullesë (sitë) për të hequr farat. E trazojmë purenë në masën e kekut në mënyrë që të depërtojë në masë dhe të mos përzihet. Hidheni në një tepsi (kallëp) të lyer me yndyrë dhe të rreshtuar 20 cm dhe piqini në furrë të parangrohur në 180°C/350°F/gaz 4 për 45 minuta, derisa të ngrihet mirë dhe të bëhet elastik në prekje. Vendoseni në një raft teli që të ftohet.

Lyeni ëmbëlsirën me krem me krem dhe grijeni sipërfaqen me një pirun. Shkrini çokollatën në një enë rezistente ndaj nxehtësisë të vendosur mbi një tenxhere me ujë. E shtrijmë në një tepsi të veshur me letër furre (biskota) dhe e lëmë pothuajse të qëndrojë. Grini çokollatën me buzën e një thike të mprehtë për ta mbështjellë. Përdoreni atë për të dekoruar pjesën e sipërme të tortës.

bukë e shkurtër

Prej saj bëjmë një kek 20 cm

75 g / 3 oz / 1/3 filxhan gjalpë ose margarinë, të zbutur

75 g / 3 oz / 1/3 filxhan sheqer pluhur (shumë i imët)

2 vezë të rrahura lehtë

100 g / 4 oz / 1 filxhan miell misri (maizena)

25 g / 1 oz / ¼ filxhan miell për të gjitha përdorimet

5 ml / 1 lugë çaji pluhur pjekjeje

50 g / 2 oz / ½ filxhan arra të përziera të copëtuara

Rrahim gjalpin ose margarinën dhe sheqerin derisa të bëhet shkumë. Rrihni gradualisht vezët, më pas shtoni miellin e misrit, miellin dhe pluhurin për pjekje. Hedhim masën në një tepsi (kallëp) të lyer me yndyrë 20 cm dhe e spërkasim me arra të grira. Në një furrë të parangrohur në 180°C, shënoni gazin 4, për 1 orë, derisa të preket me pranverë.

Tortë me vaj

Përgatit një tortë 18 cm

100 g / 4 oz / ½ filxhan gjalpë ose margarinë, i zbutur

100 g / 4 oz / ½ filxhan sheqer pluhur (shumë i imët)

2 vezë të rrahura lehtë

225 g / 8 oz / 2 gota miell për të gjitha përdorimet

25 g / 1 oz / ¼ filxhan qimnon

5 ml / 1 lugë çaji pluhur pjekjeje

një majë kripë

45 ml / 3 lugë qumësht

Rrahim gjalpin ose margarinën dhe sheqerin derisa të bëhet shkumë. Rrihni gradualisht vezët, më pas shtoni miellin, qimnonin, pluhurin për pjekje dhe kripën. Shtoni qumësht të mjaftueshëm për të marrë një konsistencë të lëngshme. Hidheni në një formë keku të lyer me yndyrë dhe të shtruar (kallep) 18 cm dhe piqeni në një furrë të parangrohur në 200°C / 400°F / pikë gazi 6 për 1 orë derisa të preken me elasticitet dhe anët të fillojnë të tkurren. Jashtë kutisë.

Tortë me unazë me erëza

Krijon një unazë 23 cm / 9 inç

1 mollë e qëruar, e grirë dhe e grirë

30 ml / 2 lugë gjelle lëng limoni

25 g / 8 oz / 1 filxhan sheqer kafe të butë

5 ml / 1 lugë gjelle xhenxhefil të bluar

5 ml / 1 lugë çaji kanellë të bluar

2,5 ml / ½ lugë çaji përzierje erëzash të bluara (tortë me mollë)

225 g / 8 oz / 2/3 filxhan shurup ari (misër i lehtë)

250 ml / 8 ml oz / 1 filxhan vaj

10 ml / 2 lugë lugë pluhur pjekjeje

400 g / 14 oz / 3½ filxhan miell për të gjitha përdorimet

10 ml / 2 lugë çaji pluhur pjekje (pluhur pjekje)

250 ml / 8 ml oz / 1 filxhan çaj të fortë të nxehtë

1 vezë e rrahur

Sheqer pluhur (e pasticerie), i situr, per pluhurosje

Përzieni lëngun e mollës dhe limonit. Shtoni sheqerin dhe erëzat, më pas shurupin dhe vajin. Shtoni pluhurin për pjekje në miell dhe pluhurin për pjekje në çajin e nxehtë. I përziejmë në masë në mënyrë alternative, më pas i përziejmë vezët, i hedhim në një tepsi (kallëp) të lyer me yndyrë dhe të shtruar me yndyrë (kallëp) të thellë 23 cm dhe i pjekim në furrë të parangrohur në temperaturën 4 në 180°C/350°F/gaz për 1 orë derisa të marrë ngjyrë pranverore. prekje. Lëreni të ftohet në tigan për 10 minuta, më pas transferojeni në një raft teli për të përfunduar ftohjen. Shërbejeni të spërkatur me sheqer pluhur.

tortë me shtresë pikante

Përgatit një tortë 23 cm

100 g / 4 oz / ½ filxhan gjalpë ose margarinë, i zbutur

100 g / 4 oz / ½ filxhan sheqer të grimcuar

100 g / 4 oz / ½ filxhan sheqer kafe të butë

2 vezë të rrahura

175 g / 6 oz / 1½ filxhan miell për të gjitha përdorimet

5 ml / 1 lugë çaji pluhur pjekjeje

5 ml / 1 lugë çaji kanellë të bluar

2,5 ml / ½ lugë çaji sodë buke (pluhur pjekje)

2,5 ml / ½ lugë çaji përzierje erëzash të bluara (tortë me mollë)

një majë kripë

200 ml / 7 ml oz / pak 1 filxhan qumësht të avulluar të konservuar

Krem me gjalpë limoni

Rrahim gjalpin ose margarinën dhe sheqerin derisa të bëhet shkumë. Rrihni gradualisht vezët, më pas shtoni përbërësit e thatë dhe qumështin e avulluar dhe përziejini derisa të jenë të njëtrajtshme. Hidheni në dy format e ëmbëlsirave të lyera me yndyrë dhe të rreshtuara 23 cm dhe piqeni në furrë të parangrohur në 180°C për 30 minuta derisa të preken. Lëreni të ftohet, më pas vendoseni në një sanduiç me gjalpë limoni.

Tortë me sheqer me kanellë

Përgatit një tortë 23 cm

175 g / 6 oz / 1½ filxhan miell që ngrihet vetë

10 ml / 2 lugë lugë pluhur pjekjeje

një majë kripë

175 g / 6 oz / ¾ filxhan sheqer pluhur (shumë i imët)

50 g / 2 oz / ¼ filxhan gjalpë ose margarinë, të shkrirë

1 vezë e rrahur lehtë

120 ml / 4 ml oz / ½ filxhan qumësht

2,5 ml / ½ lugë çaji esencë vanilje (ekstrakt)

Për veshjen:

50 g / 2 oz / ¼ filxhan gjalpë ose margarinë, të shkrirë

50 g / 2 oz / ¼ filxhan sheqer kafe të butë

2,5 ml / ½ lugë çaji kanellë të bluar

Përziejini të gjithë përbërësit e kekut derisa të jenë të lëmuara dhe mirë. Hidheni në një formë keku të lyer me yndyrë 23 cm dhe piqeni në furrë të parangrohur në 180°C deri në kafe të artë për 25 minuta. Lyeni tortën e nxehtë me gjalpë. Përzieni sheqerin dhe kanellën dhe spërkatni sipër. Kthejeni tortën në furrë për 5 minuta të tjera.

tortë me çaj viktoriane

Prej saj bëjmë një kek 20 cm

225 g / 8 oz / 1 filxhan gjalpë ose margarinë, i zbutur

225 g / 8 oz / 1 filxhan sheqer pluhur (shumë i imët)

225 g / 8 oz / 2 gota miell që rritet vetë (maja)

25 g / 1 oz / ¼ filxhan miell misri (maizena)

30 ml / 2 lugë qimnon

5 vezë të ndara

sheqer i grimcuar për spërkatje

Rrihni gjalpin ose margarinën dhe sheqerin lehtë dhe me gëzof. Shtoni miellin, niseshte misri dhe qimnon. Rrihni të verdhën e vezës dhe më pas përzieni në masë. Rrihni të bardhat e vezëve derisa të jenë të forta, më pas i palosni butësisht në masë me një lugë metalike. Hidheni në një formë (formë) të lyer me yndyrë dhe të shtruar për kek 20 cm dhe spërkateni me sheqer. E pjekim në furrë të parangrohur në 180°C/350°F/shenjë gazi për 4 1/2 orë derisa të marrin ngjyrë kafe të artë dhe të fillojnë të tkurren nga anët e tavës.

Të gjitha në një tortë me fruta

Prej saj bëjmë një kek 20 cm

175 g / 6 oz / ¾ filxhan gjalpë ose margarinë, të zbutur

175 g / 6 oz / ¾ filxhan sheqer kafe të butë

3 vezë

15 ml / 1 lugë gjelle shurup ari (misër i lehtë)

100 g / 4 oz / ½ filxhan qershi me lustër (të ëmbëlsuar)

100 g / 4 oz / 2/3 filxhan sulltana (rrush të thatë)

100 g / 4 oz / 2/3 filxhan rrush të thatë

225 g / 8 oz / 2 gota miell që rritet vetë (maja)

10 ml / 2 lugë erëz të bluar të përzier (tortë me mollë)

Vendosni të gjithë përbërësit në një tas dhe përziejini mirë ose përpunoni në një procesor ushqimi. Vendoseni në një formë keku të lyer me yndyrë dhe rreshtim (kallaj) 20 cm dhe piqeni në një furrë të parangrohur në 160°C / 325°F / pikë gazi 3 për një orë e gjysmë derisa një hell i futur në qendër të dalë i pastër. Lëreni në tigan për 5 minuta, më pas transferojeni në një raft teli për të përfunduar ftohjen.

Të gjitha në një tortë me fruta

Prej saj bëjmë një kek 20 cm

350 g / 12 oz / 2 gota fruta të thata të përziera (përzierje për kek frutash)

100 g / 4 oz / ½ filxhan gjalpë ose margarinë

100 g / 4 oz / ½ filxhan sheqer kafe të butë

150 ml / ¼ pt / 2/3 filxhan ujë

2 vezë të mëdha, të rrahura

225 g / 8 oz / 2 gota miell që rritet vetë (maja)

5 ml / 1 lugë erëz të bluar të përzier (tortë me mollë)

Në një tenxhere vendosim frutat, gjalpin ose margarinën, sheqerin dhe ujin, i lëmë të vlojnë dhe i ziejmë për 15 minuta. Lëreni të ftohet. Në mënyrë alternative shtoni lugë vezë, miell dhe erëza të përziera dhe më pas përzieni mirë. Hidheni në një formë keku të lyer me yndyrë 20 cm dhe piqeni në furrë të parangrohur në 140°C për 1-1,5 orë, derisa një hell i futur në qendër të dalë i pastër.

Tortë me fruta australiane

Përgatit një kek 900 g

100 g / 4 oz / ½ filxhan gjalpë ose margarinë

225 g / 8 oz / 1 filxhan sheqer kafe të butë

250 ml / 8 ml oz / 1 filxhan ujë

350 g / 12 oz / 2 gota fruta të thata të përziera (përzierje për kek frutash)

5 ml / 1 lugë çaji sodë buke (pluhur pjekje)

10 ml / 2 lugë erëz të bluar të përzier (tortë me mollë)

5 ml / 1 lugë gjelle xhenxhefil të bluar

100 g / 4 oz / 1 filxhan miell që ngrihet vetë

100 g / 4 oz / 1 filxhan miell për të gjitha përdorimet

1 vezë e rrahur

Ziejini të gjithë përbërësit përveç miellit dhe vezëve në një tenxhere. Hiqeni nga zjarri dhe lëreni të ftohet. Shtoni miellin dhe vezët. Masën e derdhim në një tavë të lyer me yndyrë dhe të shtruar me 900 gr dhe e pjekim në furrë të parangrohur në 160°C për 1 orë derisa të zbutet dhe të dalë korja. qendër. pastruar.

Tortë e pasur amerikane

Prej saj bëjmë një kek 25 cm

225 g / 8 oz / 11/3 filxhan rrush pa fara

100 g / 4 oz / 1 filxhan bajame të zbardhura

15 ml / 1 lugë gjelle ujë me lule portokalli

45 ml / 3 lugë gjelle sheri të thatë

1 e verdhë veze e madhe

2 vezë

350 g / 12 oz / 1½ filxhan gjalpë ose margarinë, i zbutur

175 g / 6 oz / ¾ filxhan sheqer pluhur (shumë i imët)

Një majë topuz i bluar

Një majë kanellë të bluar

Një majë karafil të bluar

Një majë xhenxhefil të bluar

Një majë arrëmyshk të grirë

30 ml / 2 lugë gjelle raki

225 g / 8 oz / 2 gota miell për të gjitha përdorimet

50 g / 2 oz / ½ filxhan lëvozhgë të përzier (të ëmbëlsuar), të copëtuar

Lagni rrush pa fara në ujë të ngrohtë për 15 minuta dhe më pas kullojini mirë. Grini imët bajamet me ujin e luleve të portokallit dhe 15 ml/1 lugë sheri. Rrihni të verdhat e vezëve dhe vezët. Përzieni gjalpin ose margarinën dhe sheqerin derisa të bëhet shkumë, më pas shtoni masën e bajameve dhe vezën dhe rrihni derisa të zbehet. Shtoni erëzat, sherin e mbetur dhe rakinë. Shtoni miellin, më pas përzieni rrush pa fara dhe lëkurën e përzier, vendosni në një formë keku të lyer me yndyrë 25 cm dhe piqni në furrë të parangrohur në 180°C / shenjën e gazit 4 për rreth. Piqeni për 1 orë, derisa një hell i futur në qendër të dalë i pastër.

Tortë me fruta me karobë

Përgatit një tortë 18 cm

450 g / 1 lb / 2 2/3 filxhan rrush të thatë

300 ml / ½ pt / 1¼ filxhan lëng portokalli

175 g / 6 oz / ¾ filxhan gjalpë ose margarinë, të zbutur

3 vezë të rrahura lehtë

225 g / 8 oz / 2 gota miell për të gjitha përdorimet

75 g / 3 oz / ¾ filxhan pluhur karob

10 ml / 2 lugë lugë pluhur pjekjeje

Lëkura e grirë e 2 portokalleve

50 g / 2 oz / ½ filxhan arra, të copëtuara

Thithni rrushin e thatë në lëng portokalli gjatë natës. Përzieni gjalpin ose margarinën dhe vezën derisa të jenë të lëmuara. Hidhni gradualisht rrushin e thatë dhe lëngun e portokallit, si dhe përbërësit e tjerë. Hidheni në një formë keku të lyer me yndyrë dhe të shtruar 18 cm dhe piqini në furrë të parangrohur në 180°C/350°F/gaz 4 për 30 minuta, më pas uleni temperaturën e furrës në 160°C/325°F/shenja e gazit. 3 për 1¼ orë të tjera, derisa një hell i futur në qendër të dalë i pastër. Lëreni të ftohet në tigan për 10 minuta përpara se ta vendosni në një raft teli për të përfunduar ftohjen.

Tortë me fruta kafeje

Prej saj bëjmë një kek 25 cm

450 g / 1 lb / 2 gota sheqer pluhur (shumë i imët)

450 g / 1 lb / 2 gota hurma pa kore, të copëtuara

450 g / 1 lb / 22/3 filxhan rrush të thatë

450 g / 1 paund / 22/3 gota sulltane (rrush të thatë)

100 g / 4 oz / ½ filxhan qershi me glazurë (të ëmbëlsuar), të copëtuara

100 g / 4 oz / 1 filxhan arra të përziera të copëtuara

450 ml / ¾ pt / 2 filxhanë kafe të fortë të zezë

120 ml / 4 ml oz / ½ filxhan vaj

100 g / 4 oz / 1/3 filxhan shurup ari (misër i lehtë)

10 ml / 2 lugë çaji kanellë të bluar

5 ml / 1 lugë arrëmyshk i grirë

një majë kripë

10 ml / 2 lugë çaji pluhur pjekje (pluhur pjekje)

15 ml / 1 lugë gjelle ujë

2 vezë të rrahura lehtë

450 g / 1 lb / 4 gota miell për të gjitha përdorimet

120 ml / 4 ml oz / ½ filxhan sheri ose raki

Ziejini të gjithë përbërësit përveç pluhurit për pjekje, ujit, vezëve, miellit dhe sherit ose rakisë në një tenxhere me fund të rëndë. Gatuani për 5 minuta duke e përzier vazhdimisht, më pas hiqeni nga zjarri dhe lëreni të ftohet.

Përzieni pluhurin për pjekje me ujin, më pas shtoni në përzierjen e frutave me vezë dhe miell. Hidheni në një tepsi (kallëp) të lyer me yndyrë dhe të rreshtuar 25 cm dhe lidhni një shtresë të dyfishtë me letër furre (dylli) nga jashtë në mënyrë që të jetë sipër kallepit. E pjekim në furrë të parangrohur në 160°C/325°F/gaz 3 për 1 orë. Ulni temperaturën e furrës në 150°C/300°F/gaz 2 dhe piqni edhe për 1 orë të tjera. Uleni temperaturën e furrës në 140°C/275°F/shënjimin e gazit 1 dhe piqini për një të tretën orë. Uleni temperaturën e furrës në 120°C/250°F/shenja e gazit ½ dhe piqeni për një orë të fundit, duke mbuluar pjesën e sipërme të tortës me letër pjekjeje (dylli) nëse fillon të skuqet shumë. kur është pjekur

Cornish Heavy Pie

Përgatit një kek 900 g

350 g / 12 oz / 3 gota miell për të gjitha përdorimet

2,5 ml / ½ lugë kripë

175 g / 6 oz / ¾ filxhan sallo (yndyrë vegjetale)

75 g / 3 oz / 1/3 filxhan sheqer pluhur (shumë i imët)

175 g / 6 oz / 1 filxhan rrush pa fara

Pak lëvozhgë të përzier të copëtuar (të ëmbëlsuar) (opsionale)

Rreth 150 ml / ¼ pt / 2/3 filxhan qumësht dhe ujë të përziera

1 vezë e rrahur

Hidhni miellin dhe kripën në një tas, më pas fërkoni yndyrën derisa masa të ngjajë me thërrimet e bukës. Shtoni përbërësit e mbetur të thatë. Gradualisht shtoni qumësht dhe ujë të mjaftueshëm për të bërë një brumë të fortë. Nuk zgjat shumë. E shtrijmë në një tepsi të lyer me yndyrë (biskota) me trashësi afërsisht 1 cm. Lyejeni me vezë të rrahur. Vizatoni një model kryq sipër me majën e një thike. në një furrë të parangrohur në 160°C, shënoni gazin 3 për përafërsisht. Piqni deri në kafe të artë për 20 minuta. Lëreni të ftohet, më pas priteni në kubikë.

kek me rrush pa fara

Përgatit një tortë 23 cm

225 g / 8 oz / 1 filxhan gjalpë ose margarinë

300 g / 11 oz / 1½ filxhan sheqer pluhur (shumë i imët)

një majë kripë

100 ml / 3½ floz / 6½ lugë gjelle ujë të vluar

3 vezë

400 g / 14 oz / 3½ filxhan miell për të gjitha përdorimet

175 g / 6 oz / 1 filxhan rrush pa fara

50 g / 2 oz / ½ filxhan lëvozhgë të përzier (të ëmbëlsuar), të copëtuar

100 ml / 3½ floz / 6½ lugë gjelle ujë të ftohtë

15 ml / 1 lugë gjelle pluhur pjekjeje

Në një enë hedhim gjalpin ose margarinën, sheqerin dhe kripën, i hedhim ujë të vluar dhe e lëmë derisa të zbutet. Rrihni shpejt derisa të jetë e butë dhe kremoze. Shtoni vezët pak nga pak, më pas përzieni në mënyrë alternative miellin, rrush pa fara dhe lëvoren e përzier me ujin e ftohtë. Shtoni pluhurin për pjekje. E vendosim brumin në një formë keku të lyer me yndyrë 23 cm dhe e pjekim në furrë të parangrohur në 180°C për 30 minuta. Uleni temperaturën e furrës në 150°C/300°F/shenja 2 e gazit dhe piqni edhe për 40 minuta të tjera, derisa një hell i futur në qendër të dalë i pastër. Lëreni të ftohet në tigan për 10 minuta përpara se ta vendosni në një raft teli për të përfunduar ftohjen.

kek me fruta të errët

Prej saj bëjmë një kek 25 cm

225 g / 8 oz / 1 filxhan fruta me glazurë (të ëmbëlsuar) të copëtuara

350 g / 12 oz / 2 filxhanë hurma pa kori (me gurë), të copëtuara

225 g / 8 oz / 11/3 filxhan rrush të thatë

225 g / 8 oz / 1 filxhan qershi me lustër (të ëmbëlsuar), të copëtuara

100 g / 4 oz / ½ filxhan ananas me xham (të sheqerosur), i copëtuar

100 g / 4 oz / 1 filxhan arra të përziera të copëtuara

225 g / 8 oz / 2 gota miell për të gjitha përdorimet

5 ml / 1 lugë çaji sodë buke (pluhur pjekje)

5 ml / 1 lugë çaji kanellë të bluar

2,5 ml / ½ lugë çaji për të gjitha përdorimet

1,5 ml / ¼ lugë çaji karafil të grimcuar

1,5 ml / ¼ lugë çaji kripë

225 g / 8 oz / 1 filxhan sallo (dhjamë vegjetale)

225 g / 8 oz / 1 filxhan sheqer kafe të butë

3 vezë

175 g / 6 oz / ½ filxhan melasa me rrip të zi (melasë)

2,5 ml / ½ lugë çaji esencë vanilje (ekstrakt)

120 ml / 4 ml oz / ½ filxhan dhallë

Përzieni frutat dhe arrat. Përzieni miellin, sodën e bukës, erëzat dhe kripën dhe shtoni frutave 50 g. Rrahim yndyrën dhe sheqerin derisa të bëhet shkumë. Shtoni gradualisht vezët duke i rrahur mirë pas çdo shtimi. Shtoni esencën e melasës dhe vaniljen. Shtoni dhallën në mënyrë alternative me masën e mbetur të miellit dhe përzieni derisa të jetë homogjene. Shtoni frutat. Vendoseni në një tepsi (kallëp) të lyer me yndyrë dhe të shtruar 25 cm dhe piqeni në furrë të parangrohur në 140°C për 2 orë e gjysmë, derisa një hell i futur në qendër të dalë i pastër. Lëreni të ftohet në tigan për 10 minuta, më pas transferojeni në një raft teli për të përfunduar ftohjen.

Pritini dhe kthejeni tortën

Prej saj bëjmë një kek 20 cm

275 g / 10 oz / 12/3 filxhan përzierje gjurmësh (përzierje për kek frutash)

100 g / 4 oz / ½ filxhan gjalpë ose margarinë

150 ml / ¼ pt / 2/3 filxhan ujë

1 vezë e rrahur

225 g / 8 oz / 2 gota miell për të gjitha përdorimet

një majë kripë

100 g / 4 oz / ½ filxhan sheqer pluhur (shumë i imët)

Vendosni frutat, gjalpin ose margarinën dhe ujin në një tenxhere dhe ziejini në zjarr të ulët për 20 minuta. Lëreni të ftohet. Shtoni vezën, më pas shtoni gradualisht miellin, kripën dhe sheqerin. Hidheni në një formë keku të lyer me yndyrë 20 cm dhe piqini në furrë të parangrohur në 160°C/325°F/gaz 3 për 1¼ orë, derisa një hell i futur në qendër të dalë i pastër.

Tortë Dundee

Prej saj bëjmë një kek 20 cm

225 g / 8 oz / 1 filxhan gjalpë ose margarinë, i zbutur

225 g / 8 oz / 1 filxhan sheqer pluhur (shumë i imët)

4 vezë të mëdha

225 g / 8 oz / 2 gota miell për të gjitha përdorimet

një majë kripë

350 g / 12 oz / 2 gota rrush pa fara

350 g / 12 oz / 2 gota sulltane (rrush të thatë)

175 g / 6 oz / 1 filxhan lëvozhgë të përzier të copëtuar (të ëmbëlsuar)

100 gr qershi me glazurë (të sheqerosura), të grira në katër pjesë

Lëkura e grirë e ½ limoni

50 g bajame të plota, të zbardhura

Përziejini gjalpin dhe sheqerin derisa të zbehet dhe të bëhet me gëzof. Rrihni vezët një nga një, duke i përzier mirë midis çdo shtese. Shtoni miellin dhe kripën. Shtoni frutat dhe lëkurën e limonit. Prisni gjysmën e bajameve dhe shtoni në masë. Hidheni në një kallëp (kallëp) të lyer me yndyrë dhe të rreshtuar 20 cm dhe lidhni një rrip letre kafe rreth pjesës së jashtme të kallëpit në mënyrë që të jetë përafërsisht. 5 cm më e lartë se forma. Ndani bajamet e rezervuara dhe renditini në rrathë koncentrikë sipër tortës. Piqeni në furrë të parangrohur në 150°C për 3 orë e gjysmë, derisa një hell i futur në qendër të dalë i pastër. Pas 2 orësh e gjysmë, kontrolloni nëse pjesa e sipërme e tortës fillon të skuqet shumë,

Tortë me fruta gjatë natës pa vezë

Prej saj bëjmë një kek 20 cm

50 g / 2 oz / ¼ filxhan gjalpë ose margarinë

225 g / 8 oz / 2 gota miell që rritet vetë (maja)

5 ml / 1 lugë çaji sodë buke (pluhur pjekje)

5 ml / 1 lugë arrëmyshk i grirë

5 ml / 1 lugë erëz të bluar të përzier (tortë me mollë)

një majë kripë

225 g / 8 oz / 11/3 filxhan fruta të thata të përziera (përzierje për kek frutash)

100 g / 4 oz / ½ filxhan sheqer kafe të butë

250 ml / 8 ml oz / 1 filxhan qumësht

Fërkoni gjalpin ose margarinën me miellin, pluhurin për pjekje, erëzat dhe kripën derisa masa të ngjajë me thërrimet e bukës. Përzieni frutat dhe sheqerin, më pas shtoni qumështin derisa të gjithë përbërësit të jenë përzier mirë. Mbulojeni dhe lëreni gjatë natës.

Hedhim masën në një formë keku të lyer me yndyrë dhe të shtruar 20 cm dhe e pjekim në furrë të parangrohur në 180°C për 1 orë derisa një hell i futur në formë të dalë i pastër. pastër.

Tortë frutash e pagabueshme

Përgatit një tortë 23 cm

225 g / 8 oz / 1 filxhan gjalpë ose margarinë

200 g / 7 oz / e vogël 1 filxhan sheqer pluhur (shumë i imët)

175 g / 6 oz / 1 filxhan rrush pa fara

175 g / 6 oz / 1 filxhan sulltane (rrush të thatë)

50 g / 2 oz / ½ filxhan lëvozhgë të përzier (të ëmbëlsuar), të copëtuar

75 g / 3 oz / ½ filxhan hurma pa kokrra (me gurë), të copëtuara

5 ml / 1 lugë çaji sodë buke (pluhur pjekje)

200 ml / 7 ml oz / pak 1 filxhan ujë

75 g / 2 oz / ¼ filxhan qershi me glazurë (të ëmbëlsuar), të copëtuara

100 g / 4 oz / 1 filxhan arra të përziera të copëtuara

60 ml / 4 lugë raki ose sheri

300 g / 11 oz / 2¾ gota miell për të gjitha përdorimet

5 ml / 1 lugë çaji pluhur pjekjeje

një majë kripë

2 vezë të rrahura lehtë

Shkrini gjalpin ose margarinën, më pas shtoni sheqerin, rrush pa fara, rrushin e thatë, lëkurën e përzier dhe hurmat. Përzieni pluhurin për pjekje me pak ujë, më pas shtoni ujin e mbetur në përzierjen e frutave. Lërini të vlojnë dhe ziejini për 20 minuta, duke e përzier herë pas here. Mbulojeni dhe lëreni gjatë natës. Lyeni me yndyrë dhe shtrojini një format (kallap) për kek 23 cm dhe shtrojini me një shtresë të dyfishtë letre të lyer me yndyrë (të dylluar) ose letër kafe që të vendoset sipër tepsisë. Shtoni qershitë e glazura, arrat dhe rakinë ose sherin, më pas shtoni miellin, pluhurin për pjekje dhe kripën. Shtoni vezët. Hidheni në formatin e përgatitur për kekun dhe piqeni në furrë të parangrohur në 160°C/325°F/gaz 3 për 1 orë. Uleni temperaturën e furrës në 140°C/275°F/shënjimin e gazit 1 dhe piqni edhe për 1 orë të tjera. Uleni sërish temperaturën e furrës në 120°C dhe piqni edhe për 1 orë të tjera, derisa një hell i futur në qendër të dalë i pastër. Në fund të kohës së pjekjes, mbuloni pjesën e sipërme të tortës me letër të papërshkueshme nga uji ose kafe nëse merr shumë kafe. Lëreni të ftohet në tigan për 30 minuta, më pas transferojeni në një raft teli për të përfunduar ftohjen.

Tortë me xhenxhefil

Përgatit një tortë 18 cm

100 g / 4 oz / ½ filxhan gjalpë ose margarinë, i zbutur

100 g / 4 oz / ½ filxhan sheqer pluhur (shumë i imët)

2 vezë të rrahura lehtë

30 ml / 2 lugë qumësht

225 g / 8 oz / 2 gota miell që rritet vetë (maja)

5 ml / 1 lugë çaji pluhur pjekjeje

10 ml / 2 lugë erëz të bluar të përzier (tortë me mollë)

5 ml / 1 lugë gjelle xhenxhefil të bluar

100 g / 4 oz / 2/3 filxhan rrush të thatë

100 g / 4 oz / 2/3 filxhan sulltana (rrush të thatë)

Rrahim gjalpin ose margarinën dhe sheqerin derisa të bëhet shkumë. Hidhni gradualisht vezët dhe qumështin, më pas shtoni miellin, pluhurin për pjekje dhe erëzat, pastaj frutat. Masën e derdhim në një formë keku të lyer me yndyrë dhe të shtruar (7/18 cm) dhe e pjekim në furrë të parangrohur në temperaturën 160°C/325°F/gaz 3 për 1¼ orë derisa të skuqet dhe të marrë ngjyrë të artë.

Fruta ferme dhe kek me xhenxhefil

Prej saj bëjmë një kek 20 cm

175 g / 6 oz / 2/3 filxhan gjalpë ose margarinë, të zbutur

175 g / 6 oz / ½ filxhan mjaltë të lehtë

Lëkura e grirë e 1 limoni

3 vezë të rrahura lehtë

225 g / 8 oz / 2 gota miell gruri integral (gruri integral)

10 ml / 2 lugë lugë pluhur pjekjeje

5 ml / 1 lugë erëz të bluar të përzier (tortë me mollë)

100 g / 4 oz / 2/3 filxhan rrush të thatë

100 g / 4 oz / 2/3 filxhan sulltana (rrush të thatë)

100 g / 4 oz / 2/3 filxhan rrush pa fara

50 g / 2 oz / 1/3 filxhan kajsi të thata të gatshme për t'u ngrënë, të copëtuara

50 g / 2 oz / 1/3 filxhan lëvozhgë të përzier (të ëmbëlsuar), të copëtuar

25 g / 1 oz / ¼ filxhan bajame të bluara

25 g / 1 oz / ¼ filxhan bajame

Rrihni gjalpin ose margarinën, mjaltin dhe lëkurën e limonit derisa të bëhet shkumë. Shtoni gradualisht vezët, më pas miellin, pluhurin për pjekje dhe përzierjen e erëzave. Shtoni frutat dhe bajamet e bluara. Brumin e derdhim në një formë keku të lyer me yndyrë dhe të shtruar (formë) 20 cm dhe bëjmë një pus në qendër. Rregulloni bajamet në skajin e sipërm të tortës. Piqeni në furrë të parangrohur në 160°C/325°F/gaz 3 për 2-2 orë e gjysmë, derisa një hell i futur në qendër të dalë i pastër. Nëse merr shumë kafe, mbuloni pjesën e sipërme të tortës me letër pjekjeje (të depiluar) deri në fund të kohës së pjekjes. Lëreni të ftohet në tigan për 10 minuta përpara se ta vendosni në një raft teli për të përfunduar ftohjen.

Tortë Xhenova

Përgatit një tortë 23 cm

225 g / 8 oz / 1 filxhan gjalpë ose margarinë, i zbutur

100 g / 4 oz / ½ filxhan sheqer pluhur (shumë i imët)

4 vezë të ndara

5 ml / 1 lugë esencë bajame (ekstrakt)

5 ml / 1 lugë e vogël lëvozhgë portokalli të grirë

225 g / 8 oz / 11/3 filxhan rrush të thatë, të copëtuar

100 g / 4 oz / 2/3 filxhan rrush pa fara, të copëtuara

100 g / 4 oz / 2/3 filxhan sulltane (rrush të thatë), të copëtuar

50 g / 2 oz / ¼ filxhan qershi me glazurë (të ëmbëlsuar), të copëtuara

50 g / 2 oz / 1/3 filxhan lëvozhgë të përzier (të ëmbëlsuar), të copëtuar

100 g / 4 oz / 1 filxhan bajame të bluara

25 g / 1 oz / ¼ filxhan bajame

350 g / 12 oz / 3 gota miell për të gjitha përdorimet

10 ml / 2 lugë lugë pluhur pjekjeje

5 ml / 1 lugë çaji kanellë të bluar

Përzieni gjalpin ose margarinën dhe sheqerin derisa të bëhet shkumë, më pas të verdhat e vezëve, thelbin e bajames dhe lëkurën e portokallit. Përzieni frutat dhe arrat me pak miell derisa të lyhen mirë, më pas shtoni lugë miell, pluhur për pjekje dhe kanellë, duke alternuar lugët e përzierjes së frutave derisa të bashkohen mirë. Rrihni të bardhat e vezëve në një shkumë të fortë dhe më pas përzieni në masë. Hidheni në një formë keku të lyer me yndyrë dhe rreshtim 23 cm dhe piqeni në furrë të parangrohur në 190°C/375°F/gaz 5 për 30 minuta, më pas uleni temperaturën e furrës në 160°C. Shenja e gazit 3 për 1,5 orë të tjera, derisa të jetë elastik në prekje dhe një hell i futur në qendër të dalë i pastër. Lëreni të ftohet në kuti.

Tortë me fruta të ftohtë

Përgatit një tortë 23 cm

225 g / 8 oz / 1 filxhan gjalpë ose margarinë, i zbutur

225 g / 8 oz / 1 filxhan sheqer pluhur (shumë i imët)

4 vezë të rrahura lehtë

45 ml / 3 lugë raki

250 g / 9 oz / 1¼ filxhan miell për të gjitha përdorimet

2,5 ml / ½ lugë e vogël pluhur pjekjeje

një majë kripë

225 g / 8 oz / 1 filxhan fruta të përziera me glazurë (të sheqerosur) si qershi, ananas, portokall, fiq, të prerë në feta

100 g / 4 oz / 2/3 filxhan rrush të thatë

100 g / 4 oz / 2/3 filxhan sulltana (rrush të thatë)

75 g / 3 oz / ½ filxhan rrush pa fara

50 g / 2 oz / ½ filxhan arra të përziera të copëtuara

Lëkura e grirë e 1 limoni

Rrahim gjalpin ose margarinën dhe sheqerin derisa të bëhet shkumë. Hidhni gradualisht vezën dhe rakinë. Përzieni pjesën tjetër të përbërësve në një enë të veçantë derisa frutat të jenë lyer mirë me miellin. Shtoni masën dhe përzieni mirë. Hidheni në një formë keku të lyer me yndyrë 23 cm dhe piqeni në furrë të parangrohur në 180°C për 30 minuta. Uleni temperaturën e furrës në 150°C/300°F/shënjimin e gazit 3 dhe piqni edhe për 50 minuta të tjera, derisa një hell i futur në qendër të dalë i pastër.

Tortë me fruta Guinness

Përgatit një tortë 23 cm

225 g / 8 oz / 1 filxhan gjalpë ose margarinë

225 g / 8 oz / 1 filxhan sheqer kafe të butë

300 ml / ½ pt / 1¼ filxhan Guinness ose të trashë

225 g / 8 oz / 11/3 filxhan rrush të thatë

225 g / 8 oz / 11/3 filxhan sulltane (rrush të thatë)

225 g / 8 oz / 11/3 filxhan rrush pa fara

100 g / 4 oz / 2/3 filxhan lëvozhgë të përzier (të ëmbëlsuar), të copëtuar

550 g / 1¼ lb / 5 gota miell për të gjitha përdorimet

2,5 ml / ½ lugë çaji sodë buke (pluhur pjekje)

5 ml / 1 lugë erëz të bluar të përzier (tortë me mollë)

2,5 ml / ½ lugë arrëmyshk i grirë

3 vezë të rrahura lehtë

Vendosni gjalpin ose margarinën, sheqerin dhe Guinness në një tenxhere të vogël në zjarr të ulët, duke i përzier derisa të kombinohen mirë. Përzieni frutat dhe lëvozhgën e përzier, lërini të ziejnë dhe ziejini për 5 minuta. Hiqeni nga zjarri dhe lëreni të ftohet.

Përzieni miellin, sodën dhe erëzat dhe bëni një pus në mes. Shtoni përzierjen e frutave të ftohta dhe vezën dhe përziejini mirë. Vendoseni në një tepsi (tepsi) të lyer me vaj dhe të shtruar 23 cm dhe piqeni në furrë të parangrohur në 160°C / 325°F / pikë gazi 3 për 2 orë, derisa një hell i futur në qendër të dalë i pastër. Lëreni të ftohet në tigan për 20 minuta, më pas transferojeni në një raft teli për të përfunduar ftohjen.

Një byrek i grirë

Prej saj bëjmë një kek 20 cm

225 g / 8 oz / 2 gota miell që rritet vetë (maja)

350 g / 12 oz / 2 filxhanë mish viçi të bluar

75 g / 3 oz / ½ filxhan fruta të thata (përzierje për kek frutash)

3 vezë

150 g / 5 oz / 2/3 filxhan margarinë të butë

150 g / 5 oz / 2/3 filxhan sheqer kafe të butë

Përziejini të gjithë përbërësit derisa të kombinohen mirë. Hidheni në një formë keku të lyer me yndyrë dhe të shtruar 20 cm dhe piqeni në furrë të parangrohur në 160°C / 325°F / pikë gazi 3 për 1 orë derisa të skuqet dhe të forcohet në prekje.

Tortë me tërshërë dhe fruta me kajsi

Prej saj bëjmë një kek 20 cm

175 g / 6 oz / ¾ filxhan gjalpë ose margarinë, të zbutur

50 g / 2 oz / ¼ filxhan sheqer kafe të butë

30 ml / 2 lugë mjaltë i lehtë

3 vezë të rrahura

175 g / 6 oz / ¼ filxhan miell gruri të plotë (gruri i plotë)

50 g / 2 oz / ½ filxhan bollgur

10 ml / 2 lugë lugë pluhur pjekjeje

250 g / 9 oz / 1½ filxhan fruta të thata të përziera (përzierje për kek frutash)

50 g / 2 oz / 1/3 filxhan kajsi të thata të gatshme për t'u ngrënë, të copëtuara

Lëkurë e grirë dhe lëng 1 limoni

Përzieni gjalpin ose margarinën dhe sheqerin me mjaltë derisa të bëhet shkumë. Përziejini gradualisht vezët, duke alternuar me miellin dhe pluhurin për pjekje. Shtoni arrat dhe lëngun dhe lëkurën e limonit. Hidheni në një formë keku të lyer me vaj dhe të shtruar 20 cm dhe piqeni në furrë të parangrohur në 180°C për 1 orë. Uleni temperaturën e furrës në 160°C / 325°F / shenjën e gazit 3 dhe piqni edhe për 30 minuta të tjera, derisa një hell i futur në qendër të dalë i pastër. Mbulojeni sipër me letër pjekjeje nëse keku fillon të skuqet shumë shpejt.

Tortë me fruta nate

Prej saj bëjmë një kek 20 cm

450 g / 1 lb / 4 gota miell për të gjitha përdorimet

225 g / 8 oz / 11/3 filxhan rrush pa fara

225 g / 8 oz / 11/3 filxhan sulltane (rrush të thatë)

225 g / 8 oz / 1 filxhan sheqer kafe të butë

50 g / 2 oz / 1/3 filxhan lëvozhgë të përzier (të ëmbëlsuar), të copëtuar

175 g / 6 oz / ¾ filxhan sallo (yndyrë vegjetale)

15 ml / 1 lugë gjelle shurup ari (misër i lehtë)

10 ml / 2 lugë çaji pluhur pjekje (pluhur pjekje)

15 ml / 1 lugë gjelle qumësht

300 ml / ½ pt / 1¼ filxhan ujë

Përzieni miellin, frutat, sheqerin dhe lëkurën. Shkrini yndyrën dhe shurupin dhe më pas përzieni në masë. Në qumësht shpërndani sodën e bukës dhe përzieni me ujin. Hidheni në një formë keku të lyer me yndyrë 20 cm, mbulojeni dhe lëreni gjatë gjithë natës.

E pjekim kekun në furrë të parangrohur në 160°C për 1¾ orë, derisa një hell i futur në qendër të dalë i pastër.

Tortë me rrush të thatë dhe erëza

Bëni një bar 900 g / 2 lb

225 g / 8 oz / 1 filxhan sheqer kafe të butë

300 ml / ½ pt / 1¼ filxhan ujë

100 g / 4 oz / ½ filxhan gjalpë ose margarinë

15 ml / 1 lugë gjelle melasa me rrip të zi (melasa)

175 g / 6 oz / 1 filxhan rrush të thatë

5 ml / 1 lugë çaji kanellë të bluar

2. 5 ml / ½ lugë arrëmyshk i grirë

2,5 ml / ½ lugë çaji për të gjitha përdorimet

225 g / 8 oz / 2 gota miell për të gjitha përdorimet

5 ml / 1 lugë çaji pluhur pjekjeje

5 ml / 1 lugë çaji sodë buke (pluhur pjekje)

Shkrini sheqerin, ujin, gjalpin ose margarinën, melasën, rrushin e thatë dhe erëzat në një tenxhere të vogël në zjarr mesatar, duke i përzier vazhdimisht. Lërini të vlojnë dhe ziejini për 5 minuta. E heqim nga zjarri dhe i përziejmë përbërësit e mbetur, masën e hedhim në një tavë pjekjeje të lyer me yndyrë dhe të shtruar me 900 gr dhe e pjekim në furrë të parangrohur në 180°C për 50 minuta, derisa një hell i futur në qendër të dalë i pastër.

tortë richmond

Prej saj bëjmë një tortë 15 cm

225 g / 8 oz / 2 gota miell për të gjitha përdorimet

një majë kripë

75 g / 3 oz / 1/3 filxhan gjalpë ose margarinë

100 g / 4 oz / ½ filxhan sheqer pluhur (shumë i imët)

2,5 ml / ½ lugë e vogël pluhur pjekjeje

100 g / 4 oz / 2/3 filxhan rrush pa fara

2 vezë të rrahura

Pak qumësht

Hidhni miellin dhe kripën në një enë dhe lyeni me gjalpë ose margarinë derisa masa të ngjajë me grimcat e bukës. Shtoni sheqerin, pluhurin për pjekje dhe rrush pa fara. Shtoni vezën dhe qumështin e mjaftueshëm për të bërë një brumë të fortë. E kthejmë në një formë keku të lyer me vaj dhe të lyer me vijë 15 cm. Piqeni në furrë të parangrohur në 190°C, me shenjën e gazit 5 për rreth. Piqni për 45 minuta, derisa një hell i futur në qendër të dalë i pastër. Lëreni të ftohet në një raft teli.

Tortë me fruta me shafran

Bën dy ëmbëlsira 450 gr

2,5 ml / ½ lugë çaji shafran

Ujë i nxehtë

15 g / ½ oz maja e freskët ose 20 ml / 4 lugë çaji maja e thatë

900 g / 2 paund / 8 gota miell për të gjitha përdorimet

225 g / 8 oz / 1 filxhan sheqer pluhur (shumë i imët)

2,5 ml / ½ lugë çaji përzierje erëzash të bluara (tortë me mollë)

një majë kripë

100 g / 4 oz / ½ filxhan sallo (shkurtim)

100 g / 4 oz / ½ filxhan gjalpë ose margarinë

300 ml / ½ pt / 1¼ filxhan qumësht të ngrohtë

350 g / 12 oz / 2 gota fruta të thata të përziera (përzierje për kek frutash)

50 g / 2 oz / 1/3 filxhan lëvozhgë të përzier (të ëmbëlsuar), të copëtuar

Pritini fijet e shafranit dhe zhytini ato gjatë natës në 45 ml / 3 lugë gjelle ujë të ngrohtë.

Përziejmë majanë me 30 ml/2 lugë gjelle miell, 5 ml/1 lugë sheqer dhe 75 ml/5 lugë gjelle ujë të ngrohtë dhe e lëmë të ngrihet në një vend të ngrohtë për 20 minuta derisa të bëhet shkumë.

Përzieni pjesën tjetër të miellit dhe sheqerit me erëzat dhe kripën. Fërkoni yndyrën dhe gjalpin ose margarinën së bashku derisa përzierja të ngjajë me thërrimet e bukës, më pas bëni një pus në qendër. Shtoni përzierjen e majave, shafranin dhe shafranin e lëngshëm, qumështin e ngrohtë, frutat dhe lëvozhgën e përzier dhe përziejini derisa të jenë të njëtrajtshme. E vendosim në një enë të lyer me vaj, e mbulojmë me folie (film plastik) dhe e lemë të pushojë në një vend të ngrohtë për 3 orë.

Formoni dy peta, vendosini në dy tepsi (kallëpe) të lyer me yndyrë 450 g dhe piqini në furrë të parangrohur në 220°C për 40 minuta, derisa të piqen dhe të marrin ngjyrë kafe të artë.

Tortë me fruta me sode

Marrim një tortë që peshon 450g/1lb

225 g / 8 oz / 2 gota miell për të gjitha përdorimet

1,5 ml / ¼ lugë çaji kripë

Një majë pluhur pjekjeje (pluhur pjekjeje)

50 g / 2 oz / ¼ filxhan gjalpë ose margarinë

50 g / 2 oz / ¼ filxhan sheqer pluhur (shumë i imët)

100 g / 4 oz / 2/3 filxhan fruta të thata të përziera (përzierje për kek frutash)

150 ml / ¼ pt / 2/3 filxhan qumësht i thartë ose qumësht me 5 ml / 1 lugë çaji lëng limoni

5 ml / 1 lugë melasë me rrip të zi (melasa)

Përzieni miellin, kripën dhe sodën e bukës në një tas. Lyejeni me gjalpë ose margarinë derisa përzierja të ngjajë me thërrimet e bukës. Shtoni sheqerin dhe frutat dhe përziejini mirë. Ngroheni qumështin dhe melasën derisa të shkrihet melasa, më pas shtoni përbërësit e thatë dhe përziejini derisa të jenë të forta. Hidheni në një tavë (formë) të lyer me yndyrë 450 gr dhe piqeni në furrë të parangrohur në 190°C deri në kafe të artë për 45 minuta.

kek i shpejtë me fruta

Prej saj bëjmë një kek 20 cm

450 g / 1 lb / 22/3 gota arra të përziera (përzierje për kek frutash)

225 g / 8 oz / 1 filxhan sheqer kafe të butë

100 g / 4 oz / ½ filxhan gjalpë ose margarinë

150 ml / ¼ pt / 2/3 filxhan ujë

2 vezë të rrahura

225 g / 8 oz / 2 gota miell që rritet vetë (maja)

Zieni frutat, sheqerin, gjalpin ose margarinën dhe ujin, mbulojeni dhe ziejini për 15 minuta. Lëreni të ftohet. Përziejmë vezën dhe miellin derisa të bëhet shkumë, më pas derdhim në një formë keku të lyer me yndyrë 20 cm dhe e pjekim në furrë të parangrohur në 150°C për 1.5 orë, derisa pjesa e sipërme të marrë ngjyrë kafe të artë dhe të tkurret. . larg nga anët e kutisë.

tortë me fruta me çaj të nxehtë

Përgatit një kek 900 g

450 g / 1 lb / 2½ filxhan fruta të thata (përzierje për kek frutash)

300 ml / ½ pt / 1¼ filxhan çaj të zi të nxehtë

350 g / 10 oz / 1¼ filxhan sheqer të butë kafe

350 g / 10 oz / 2½ filxhan miell që ngrihet vetë

1 vezë e rrahur

Vendoseni frutin në çajin e nxehtë dhe lëreni të ziejë gjatë natës. Shtoni sheqerin, miellin dhe vezët, më pas vendosini në një tavë (tepsi) të lyer me yndyrë dhe të shtruar 900 gr. E pjekim ne furre te parangrohur ne 160°C per 2 ore derisa te skuqen mire dhe te marrin ngjyre te arte.

Tortë me fruta me çaj të ftohtë

Prej saj bëjmë një tortë 15 cm

100 g / 4 oz / ½ filxhan gjalpë ose margarinë

225 g / 8 oz / 11/3 filxhan fruta të thata të përziera (përzierje për kek frutash)

250 ml / 8 ml oz / 1 filxhan çaj të zi të ftohtë

225 g / 8 oz / 2 gota miell që rritet vetë (maja)

100 g / 4 oz / ½ filxhan sheqer pluhur (shumë i imët)

5 ml / 1 lugë çaji sodë buke (pluhur pjekje)

1 vezë e madhe

Shkrini gjalpin ose margarinën në një tigan, shtoni frutat dhe çajin dhe lërini të vlojnë. Ziejini për 2 minuta, më pas lëreni të ftohet. Shtoni përbërësit e tjerë dhe përziejini mirë. Hidheni në një formë keku të lyer me yndyrë dhe të shtruar 15 cm dhe piqeni në furrë të parangrohur në 160°C / 325°F / pikë gazi 3 për 1¼-1½ orë derisa të piqet. E lemë të ftohet, e presim në feta dhe e lyejmë me gjalpë.

kek frutash pa sheqer

Prej saj bëjmë një kek 20 cm

4 kajsi të thata

60 ml / 4 lugë lëng portokalli

250 ml / 8 ml oz / 1 filxhan birrë të errët

100 g / 4 oz / 2/3 filxhan sulltana (rrush të thatë)

100 g / 4 oz / 2/3 filxhan rrush të thatë

50 g / 2 oz / ¼ filxhan rrush pa fara

50 g / 2 oz / ¼ filxhan gjalpë ose margarinë

225 g / 8 oz / 2 gota miell që rritet vetë (maja)

75 g / 3 oz / ¾ filxhan arra të përziera të copëtuara

10 ml / 2 lugë erëz të bluar të përzier (tortë me mollë)

5 ml / 1 lugë çaji pluhur kafeje të menjëhershme

3 vezë të rrahura lehtë

15 ml / 1 lugë gjelle raki ose uiski

Thithni kajsitë në lëng portokalli derisa të zbuten, më pas pritini në copa. E vendosim në një tenxhere me të trasha, arra dhe gjalpë ose margarinë, e lëmë të vlojë dhe e lëmë të ziejë për 20 minuta. Lëreni të ftohet.

Përzieni miellin, arrat, erëzat dhe kafenë. Hidhni masën e trashë, vezët dhe rakinë ose uiski, derdhni masën në një formë keku të lyer me yndyrë dhe të rreshtuar 20 cm dhe e pjekim në furrë të parangrohur në 180°C për 20 minuta. Uleni temperaturën e furrës në 150°C / 300°F / shenjën e gazit 2 dhe piqni edhe për 1,5 orë të tjera, derisa një hell i futur në qendër të dalë i pastër. Nëse merr shumë ngjyrë kafe, mbulojeni sipër me letër thithëse deri në fund të kohës së pjekjes. Lëreni të ftohet në tigan për 10 minuta përpara se ta vendosni në një raft teli për të përfunduar ftohjen.

Ëmbëlsira të vogla frutash

48 më parë

100 g / 4 oz / ½ filxhan gjalpë ose margarinë, i zbutur

225 g / 8 oz / 1 filxhan sheqer kafe të butë

2 vezë të rrahura lehtë

175 g / 6 oz / 1 filxhan hurma pa kokrra (me gurë), të copëtuara

50 g / 2 oz / ½ filxhan arra të përziera të copëtuara

15 ml / 1 lugë gjelle lëvozhgë portokalli të grirë

225 g / 8 oz / 2 gota miell për të gjitha përdorimet

5 ml / 1 lugë çaji sodë buke (pluhur pjekje)

2,5 ml / ½ lugë kripë

150 ml / ¼ pt / 2/3 filxhan dhallë

6 qershi me glazurë (të sheqerosura), të prera në feta

krem byreku me fruta portokalli

Rrahim gjalpin ose margarinën dhe sheqerin derisa të bëhet shkumë. Rrihni vezët pak nga pak. Shtoni hurmat, arrat dhe lëkurën e portokallit. Përzieni miellin, pluhurin për pjekje dhe kripën. Shtoni në masë në mënyrë alternative me dhallën dhe rrihni mirë. Hidhni në tepsi të lyer me yndyrë 5 cm për kifle dhe dekorojeni me qershi. Piqeni në furrë të parangrohur në 190°C për 20 minuta, derisa një hell i futur në qendër të dalë i pastër. Transferoni në një raft teli, ftohuni derisa të ngrohet, më pas lyejeni me lustër portokalli.

Tortë frutash me uthull

Përgatit një tortë 23 cm

225 g / 8 oz / 1 filxhan gjalpë ose margarinë

450 g / 1 lb / 4 gota miell për të gjitha përdorimet

225 g / 8 oz / 1 1/3 filxhan sulltane (rrush të thatë)

100 g / 4 oz / 2/3 filxhan rrush të thatë

100 g / 4 oz / 2/3 filxhan rrush pa fara

225 g / 8 oz / 1 filxhan sheqer kafe të butë

5 ml / 1 lugë çaji sodë buke (pluhur pjekje)

300 ml / ½ pt / 1¼ filxhan qumësht

45 ml / 3 lugë uthull malti

Fërkoni gjalpin ose margarinën në miell derisa përzierja të ngjajë me thërrimet e bukës. Shtoni frutat dhe sheqerin dhe bëni një pus në mes. Kombinoni pluhurin për pjekje, qumështin dhe uthullën; përzierja shkumon. Përziejini përbërësit e thatë derisa të kombinohen mirë. Masën e derdhim në një formë keku të lyer me yndyrë dhe të shtruar 9/23 cm dhe e pjekim në furrë të parangrohur në 200°C për 25 minuta. Uleni temperaturën e furrës në 160°C/325°F/shënjimin e gazit 3 dhe piqini për 1,5 orë të tjera derisa të marrin ngjyrë kafe të artë dhe të fortë në prekje. Lëreni të ftohet në tigan për 5 minuta, më pas transferojeni në një raft teli për të përfunduar ftohjen.

Tortë me uiski Virginia

Marrim një tortë që peshon 450g/1lb

100 g / 4 oz / ½ filxhan gjalpë ose margarinë, i zbutur

50 g / 2 oz / ¼ filxhan sheqer pluhur (shumë i imët)

3 vezë të ndara

175 g / 6 oz / 1½ filxhan miell për të gjitha përdorimet

5 ml / 1 lugë çaji pluhur pjekjeje

Një majë arrëmyshk të grirë

Një majë topuz i bluar

120 ml / 4 ml oz / ½ filxhan pluhur

30 ml / 2 lugë gjelle raki

100 g / 4 oz / 2/3 filxhan fruta të thata të përziera (përzierje për kek frutash)

120 ml / 4 ml oz / ½ filxhan uiski

Përzieni gjalpin dhe sheqerin derisa të bëhet shkumë. Përzieni me të verdhën e vezës, përzieni miellin, pluhurin për pjekje dhe erëzat dhe më pas përzieni masën. Shtoni portin, rakinë dhe frutat e thata. Rrihni të bardhat e vezëve në një shkumë të fortë dhe më pas përzieni në masë. Hidheni në një tavë (formë) të lyer me yndyrë 450 gr dhe piqeni në furrë të parangrohur në 160°C për 1 orë, derisa një hell i futur në qendër të dalë i pastër. Lëreni të ftohet në tepsi, më pas derdhni uiski mbi tortën dhe lëreni për 24 orë përpara se ta prisni.

Tortë me fruta nga Uellsi

Përgatit një tortë 23 cm

50 g / 2 oz / ¼ filxhan gjalpë ose margarinë

50 g / 2 oz / ¼ filxhan sallo (shkurtim)

225 g / 8 oz / 2 gota miell për të gjitha përdorimet

një majë kripë

10 ml / 2 lugë lugë pluhur pjekjeje

100 g / 4 oz / ½ filxhan sheqer demerara

175 g / 6 oz / 1 filxhan fruta të thata (përzierje për kek frutash)

Lëkurë e grirë dhe lëng ½ limoni

1 vezë e rrahur lehtë

30 ml / 2 lugë qumësht

Fërkoni gjalpin ose margarinën dhe shkurtojeni në miell, kripë dhe pluhur pjekjeje derisa masa të ngjajë me thërrimet e bukës. Shtoni sheqerin, frutat dhe lëvozhgën dhe lëngun e limonit, më pas shtoni vezët dhe qumështin dhe gatuajeni në një brumë të butë. Formoni në një tavë (tepsi) të lyer me yndyrë dhe të rreshtuar 23 cm dhe piqini në furrë të parangrohur në 200°C për 20 minuta derisa të skuqen dhe të marrin ngjyrë kafe të artë.

kek me fruta të bardha

Përgatit një tortë 23 cm

100 g / 4 oz / ½ filxhan gjalpë ose margarinë, i zbutur

225 g / 8 oz / 1 filxhan sheqer pluhur (shumë i imët)

5 vezë të rrahura lehtë

350 g / 12 oz / 2 gota fruta të thata të përziera

350 g / 12 oz / 2 gota sulltane (rrush të thatë)

100 g / 4 oz / 2/3 filxhan hurma pa kori (të gurët), të copëtuara

100 g / 4 oz / ½ filxhan qershi me glazurë (të ëmbëlsuar), të copëtuara

100 g / 4 oz / ½ filxhan ananas me xham (të sheqerosur), i copëtuar

100 g / 4 oz / 1 filxhan arra të përziera të copëtuara

225 g / 8 oz / 2 gota miell për të gjitha përdorimet

10 ml / 2 lugë lugë pluhur pjekjeje

2,5 ml / ½ lugë kripë

60 ml / 4 lugë gjelle lëng ananasi

Rrahim gjalpin ose margarinën dhe sheqerin derisa të bëhet shkumë. Shtoni gradualisht vezët duke i rrahur mirë pas çdo shtimi. Përziejini të gjitha frutat, arrat dhe pak miell derisa përbërësit të mbulohen mirë me miell. Përzieni pluhurin për pjekje dhe kripën me pjesën tjetër të miellit, më pas përzieni në masën e vezëve, duke alternuar me lëngun e ananasit, derisa të kombinohen në mënyrë të barabartë. Shtoni frutat dhe përziejini mirë. Hidheni në një tepsi (kallëp) të lyer me yndyrë dhe të rreshtuar 23 cm dhe piqeni në furrë të parangrohur në 140°C në pikën e gazit 1 për rreth 2 orë e gjysmë, derisa një hell i futur në qendër të dalë i pastër. Lëreni të ftohet në tigan për 10 minuta përpara se ta vendosni në një raft teli për të përfunduar ftohjen.

byrek me mollë

Prej saj bëjmë një kek 20 cm

175 g / 6 oz / 1½ filxhan miell që ngrihet vetë

5 ml / 1 lugë çaji pluhur pjekjeje

një majë kripë

150 g / 5 oz / 2/3 filxhan gjalpë ose margarinë

150 g / 5 oz / 2/3 filxhan sheqer pluhur (shumë i imët)

1 vezë e rrahur

175 ml / 6 ml oz / ¾ filxhan qumësht

3 mollë mund të hahen (për ëmbëlsirë), të qëruara, me bërthama dhe të prera në feta

2,5 ml / ½ lugë çaji kanellë të bluar

15 ml / 1 lugë mjaltë e lehtë

Përzieni miellin, pluhurin për pjekje dhe kripën. Fërkojeni me gjalpë ose margarinë derisa masa të ngjajë me thërrimet e bukës, më pas shtoni sheqerin. Shtoni vezët dhe qumështin. Hidheni masën në një formë keku të lyer me yndyrë dhe të shtruar 20 cm (kallëp) dhe shtypni butësisht fetat e mollës sipër. Spërkateni me kanellë dhe spërkatni me mjaltë. Piqeni në furrë të parangrohur në 200°C për 45 minuta derisa të marrin ngjyrë kafe të artë dhe të fortë në prekje.

Tortë me mollë me erëza krokante

Prej saj bëjmë një kek 20 cm

75 g / 3 oz / 1/3 filxhan gjalpë ose margarinë

175 g / 6 oz / 1½ filxhan miell që ngrihet vetë

50 g / 2 oz / ¼ filxhan sheqer pluhur (shumë i imët)

1 vezë

75 ml / 5 lugë gjelle ujë

3 mollë mund të hahen (për ëmbëlsirë), të qëruara, me bërthama dhe të prera në feta

Për veshjen:

75 g / 3 oz / 1/3 filxhan sheqer demerara

10 ml / 2 lugë çaji kanellë të bluar

25 g / 1 oz / 2 lugë gjelle gjalpë ose margarinë

Fërkoni gjalpin ose margarinën në miell derisa përzierja të ngjajë me thërrimet e bukës. Shtoni sheqerin, më pas përzieni vezët dhe ujin në një brumë të butë. Shtoni pak më shumë ujë nëse përzierja është shumë e thatë. E shtrijmë brumin në një format (formë) për kek 20 cm dhe shtypim mollën në brumë. Spërkateni me sheqer demerara dhe kanellë, më pas spërkatni me gjalpë ose margarinë. Piqeni në furrë të parangrohur në 180°C për 30 minuta derisa të marrin ngjyrë kafe të artë dhe të fortë në prekje.

Byrek me mollë amerikane

Prej saj bëjmë një kek 20 cm

50 g / 2 oz / ¼ filxhan gjalpë ose margarinë, të zbutur

225 g / 8 oz / 1 filxhan sheqer kafe të butë

1 vezë e rrahur lehtë

5 ml / 1 lugë esencë vanilje (ekstrakt)

100 g / 4 oz / 1 filxhan miell për të gjitha përdorimet

2,5 ml / ½ lugë e vogël pluhur pjekjeje

2,5 ml / ½ lugë çaji sodë buke (pluhur pjekje)

2,5 ml / ½ lugë kripë

2,5 ml / ½ lugë çaji kanellë të bluar

2,5 ml / ½ lugë arrëmyshk i grirë

450 g / 1 lb mollë tavoline (ëmbëlsirë), të qëruara, të prera dhe të prera në kubikë

25 g / 1 oz / ¼ filxhan bajame të copëtuara

Rrahim gjalpin ose margarinën dhe sheqerin derisa të bëhet shkumë. Shtoni gradualisht vezët dhe esencën e vaniljes. Përzieni miellin, pluhurin për pjekje, sodën, kripën dhe erëzat së bashku dhe përzieni në masë. Shtoni mollët dhe arra. Vendoseni në një tepsi katror të lyer me yndyrë dhe të shtruar 20 cm dhe piqini në furrë të parangrohur në 180°C për 45 minuta, derisa një hell i futur në qendër të dalë i pastër.

byrek me mollë

Përgatit një kek 900 g

100 g / 4 oz / ½ filxhan gjalpë ose margarinë, i zbutur

225 g / 8 oz / 1 filxhan sheqer kafe të butë

2 vezë të rrahura lehtë

225 g / 8 oz / 2 gota miell për të gjitha përdorimet

5 ml / 1 lugë çaji kanellë të bluar

2,5 ml / ½ lugë arrëmyshk i grirë

100 g / 4 oz / 1 filxhan salcë molle (salcë)

5 ml / 1 lugë çaji sodë buke (pluhur pjekje)

30 ml / 2 lugë gjelle ujë të ngrohtë

Rrahim gjalpin ose margarinën dhe sheqerin derisa të bëhet shkumë. Përziejini gradualisht vezët, shtoni miellin, kanellën, arrëmyshkun dhe salcën e mollës. Përziejmë sodën e bukës me ujin e nxehtë dhe e përziejmë në masë. Hidheni në një tavë (kallëp) të lyer me yndyrë 900 gr dhe piqeni në furrë të parangrohur në 180°C për 1¼ orë, derisa një hell i futur në qendër të dalë i pastër.

byrek me mollë me musht

Prej saj bëjmë një kek 20 cm

100 g / 4 oz / ½ filxhan gjalpë ose margarinë, i zbutur

150 g / 5 oz / 2/3 filxhan sheqer pluhur (shumë i imët)

3 vezë

225 g / 8 oz / 2 gota miell që rritet vetë (maja)

5 ml / 1 lugë erëz të bluar të përzier (tortë me mollë)

5 ml / 1 lugë çaji sodë buke (pluhur pjekje)

5 ml / 1 lugë çaji pluhur pjekjeje

150 ml / ¼ pt / 2/3 filxhan musht të thatë

2 mollë gatimi (byrek), të qëruara, të prera dhe të prera në feta

75 g / 3 oz / 1/3 filxhan sheqer demerara

100 g / 4 oz / 1 filxhan arra të përziera të copëtuara

Përzieni mirë gjalpin ose margarinën, sheqerin, vezët, miellin, erëzat, sodën e bukës, pluhurin për pjekje dhe 120 ml/½ filxhan musht, duke shtuar edhe pjesën tjetër të mushtit nëse është e nevojshme për të bërë një brumë të butë. Gjysmën e masës e hedhim në një kallëp (kallëp) të lyer me yndyrë dhe të shtruar për kek 20 cm dhe sipër i hedhim gjysmën e fetave të mollës. Përziejini së bashku sheqerin dhe arrat, më pas gjysmën e tyre spërkatni mbi mollët. Hidhni masën e mbetur të kekut dhe sipër me mollët e mbetura dhe përzierjen e mbetur të sheqerit me arrat. Piqeni në furrë të parangrohur në 180°C për 1 orë derisa të marrin ngjyrë kafe të artë dhe të fortë në prekje.

Tortë me mollë dhe kanellë

Përgatit një tortë 23 cm

100 g / 4 oz / ½ filxhan gjalpë ose margarinë

100 g / 4 oz / ½ filxhan sheqer pluhur (shumë i imët)

1 vezë e rrahur lehtë

100 g / 4 oz / 1 filxhan miell për të gjitha përdorimet

5 ml / 1 lugë çaji pluhur pjekjeje

30 ml / 2 lugë qumësht (opsionale)

2 mollë të mëdha gatimi (byrek), të qëruara, të prera dhe të prera në feta

30 ml / 2 lugë sheqer pluhur (shumë i imët)

5 ml / 1 lugë çaji kanellë të bluar

25 g / 1 oz / ¼ filxhan bajame të copëtuara

30 ml / 2 lugë gjelle sheqer demerara

Rrahim gjalpin ose margarinën dhe sheqerin derisa të bëhet shkumë. Rrihni gradualisht vezën, më pas shtoni miellin dhe pluhurin për pjekje. Përzierja duhet të jetë mjaft e ngurtë; nëse është shumë e vështirë, shtoni pak qumësht. Gjysmën e masës e hedhim në një formë keku të lyer me yndyrë dhe të shtruar me bazë 23 cm me bazë të lirshme, sipër vendosim feta molle. Përzieni sheqerin dhe kanellën, spërkatni bajamet mbi mollët. Përsipër shtrojmë pjesën tjetër të tortës dhe e spërkasim me sheqer demerara. E pjekim në furrë të parangrohur në 180°C për 30-35 minuta, derisa një hell i futur në qendër të dalë i pastër.

Byrek spanjoll me mollë

Përgatit një tortë 23 cm

175 g / 6 oz / ¾ filxhan gjalpë ose margarinë

6 mollë për darkë Cox's (ëmbëlsirë), të qëruara, të prera dhe të prera në feta

30 ml / 2 lugë gjelle raki molle

175 g / 6 oz / ¾ filxhan sheqer pluhur (shumë i imët)

150 g / 5 oz / 1¼ filxhan miell për të gjitha përdorimet

10 ml / 2 lugë lugë pluhur pjekjeje

5 ml / 1 lugë çaji kanellë të bluar

3 vezë të rrahura lehtë

45 ml / 3 lugë qumësht

Për glazurën:

60 ml / 4 lugë gjelle reçel kajsie (e konservuar), e situr (e filtruar)

15 ml / 1 lugë gjelle raki molle

5 ml / 1 lugë miell misri (miseshte misri)

10 ml / 2 lugë çaji ujë

Shkrini gjalpin ose margarinën në një tigan të madh (tigan) dhe ziejini copat e mollës në zjarr të ngadaltë për 10 minuta, duke i përzier një herë për të lyer gjalpin. Hiqeni nga zjarri. Prisni një të tretën e mollës dhe shtoni rakinë e mollës, më pas përzieni sheqerin, miellin, pluhurin për pjekje dhe kanellën. Shtoni vezët dhe qumështin, më pas hidhini në një formë keku të lyer me yndyrë dhe miell, 23 cm me fund të lirë. Sipër vendosni fetat e mbetura të mollës. E pjekim në furrë të parangrohur në 180°C për 45 minuta derisa të skuqen mirë dhe të marrin ngjyrë kafe të artë dhe të fillojnë të tkurren nga anët e tavës.

Për të përgatitur glazurën ngrohim marmeladën dhe rakinë së bashku. Përziejmë miellin e misrit me ujin në formë paste, më pas shtojmë marmeladën dhe rakinë. Gatuani, duke e trazuar, për disa minuta derisa të jetë e qartë. Përhapeni tortën e nxehtë dhe lëreni të ftohet për 30 minuta. Hiqni anët e tavës së kekut, ngrohni përsëri kremin dhe përhapeni për herë të dytë. Lëreni të ftohet.

Tortë me mollë dhe sulltaneshë

Prej saj bëjmë një kek 20 cm

350 g / 12 oz / 3 filxhanë miell që ngrihet vetë

një majë kripë

2,5 ml / ½ lugë çaji kanellë të bluar

225 g / 8 oz / 1 filxhan gjalpë ose margarinë

175 g / 6 oz / ¾ filxhan sheqer pluhur (shumë i imët)

100 g / 4 oz / 2/3 filxhan sulltana (rrush të thatë)

450 g / 1 lb mollë gatimi (të tharta), të qëruara, të prera dhe të copëtuara

2 vezë

Pak qumësht

Përziejmë miellin, kripën dhe kanellën, më pas lyejmë me gjalpë ose margarinë derisa masa të ngjajë me thërrimet e bukës. Shtoni sheqerin. Krijoni një pus në mes, shtoni rrushin e thatë, mollën dhe vezën, përzieni mirë, shtoni pak qumësht për të marrë një masë të fortë. Hidheni në një formë keku të lyer me yndyrë 20 cm dhe piqeni në furrë të parangrohur në 180°C / shenjën e gazit 4 për rreth. Për 1½-2 orë derisa të jetë e fortë. Shërbejeni të nxehtë ose të ftohtë.

Byrek me mollë me kokë poshtë

Përgatit një tortë 23 cm

2 mollë mund të hahen (për ëmbëlsirë), të qëruara, me bërthama dhe të prera hollë

75 g / 3 oz / 1/3 filxhan sheqer kafe të butë

45 ml / 3 lugë gjelle rrush të thatë

30 ml / 2 lugë gjelle lëng limoni

Për tortën:

200 g / 7 oz / 1¾ filxhan miell për të gjitha përdorimet

50 g / 2 oz / ¼ filxhan sheqer pluhur (shumë i imët)

10 ml / 2 lugë lugë pluhur pjekjeje

5 ml / 1 lugë çaji sodë buke (pluhur pjekje)

5 ml / 1 lugë çaji kanellë të bluar

një majë kripë

120 ml / 4 ml oz / ½ filxhan qumësht

50 g / 2 oz / ½ filxhan salcë molle (salcë)

75 ml / 5 lugë vaj

1 vezë e rrahur lehtë

5 ml / 1 lugë esencë vanilje (ekstrakt)

Përzieni mollët, sheqerin, rrushin e thatë dhe lëngun e limonit dhe vendoseni në fund të një kallëpi (formë) të lyer me yndyrë 23 cm / 9 cm. Përziejini përbërësit e thatë në kek dhe bëni një pus në mes. Përzieni qumështin, salcën e mollës, vajin, vezën dhe thelbin e vaniljes dhe shtoni përbërësit e thatë. Hidheni në një enë pjekjeje dhe piqeni në furrë të parangrohur në 180°C/350°F/gaz 4 për 40 minuta, derisa torta të marrë ngjyrë kafe të artë dhe të tkurret nga anët e tepsisë. Lëreni të ftohet në tigan për 10 minuta dhe më pas kthejeni me kujdes në një pjatë. Shërbejeni të nxehtë ose të ftohtë.

Tortë me bukë me kajsi

Bëni një bar 900 g / 2 lb

225 g / 8 oz / 1 filxhan gjalpë ose margarinë, i zbutur

225 g / 8 oz / 1 filxhan sheqer pluhur (shumë i imët)

2 vezë të rrahura mirë

6 kajsi të pjekura, të pastruara me gurë, të qëruara dhe të grira

300 g / 11 oz / 2¾ gota miell për të gjitha përdorimet

5 ml / 1 lugë çaji sodë buke (pluhur pjekje)

një majë kripë

75 g / 3 oz / ¾ filxhan bajame, të copëtuara

Rrihni gjalpin ose margarinën dhe sheqerin. Rrihni vezët pak nga pak, më pas shtoni kajsitë. Përzieni miellin, pluhurin për pjekje dhe kripën. Shtoni arrat. Hidheni në një tepsi të lyer me yndyrë dhe miell 900 gr dhe piqeni në furrë të parangrohur në 180°C për 1 orë, derisa një hell i futur në qendër të dalë i pastër. Lëreni të ftohet në tigan përpara se ta jepni formë.

Tortë me kajsi dhe xhenxhefil

Përgatit një tortë 18 cm

100 g / 4 oz / 1 filxhan miell që ngrihet vetë

100 g / 4 oz / ½ filxhan sheqer kafe të butë

10 ml / 2 lugë çaji xhenxhefil të bluar

100 g / 4 oz / ½ filxhan gjalpë ose margarinë, i zbutur

2 vezë të rrahura lehtë

100 g / 4 oz / 2/3 filxhan kajsi të thata të gatshme për t'u ngrënë, të copëtuara

50 g / 2 oz / 1/3 filxhan rrush të thatë

Përzieni miellin, sheqerin, xhenxhefilin, gjalpin ose margarinën dhe vezët derisa të jenë të lëmuara. Shtoni kajsitë dhe rrushin e thatë. Masën e derdhim në një kallëp (kallëp) të lyer me yndyrë dhe të rreshtuar 18 cm dhe e pjekim në furrë të parangrohur në 180°C për 30 minuta, derisa një hell i futur në qendër të dalë i pastër.

Tortë me kajsi të errët

Prej saj bëjmë një kek 20 cm

120 ml / 4 ml oz / ½ filxhan raki ose rum

120 ml / 4 ml oz / ½ filxhan lëng portokalli

225 g / 8 oz / 11/3 filxhan kajsi të thata të gatshme për t'u ngrënë, të copëtuara

100 g / 4 oz / 2/3 filxhan sulltana (rrush të thatë)

175 g / 6 oz / ¾ filxhan gjalpë ose margarinë, të zbutur

45 ml / 3 lugë mjaltë i lehtë

4 vezë të ndara

175 g / 6 oz / 1½ filxhan miell që ngrihet vetë

10 ml / 2 lugë lugë pluhur pjekjeje

Zieni rakinë ose rumin dhe lëngun e portokallit me kajsi dhe sulltana. Përziejini mirë, më pas hiqeni nga zjarri dhe lëreni të ftohet. Perziejme gjalpin ose margarinen dhe mjaltin derisa te behet shkume, me pas perziejme gradualisht me te verdhen e vezes, shtojme miellin dhe pluhurin per pjekje. Rrihni të bardhat e vezëve në një shkumë të fortë, më pas palosini me kujdes në përzierje. Vendosini në një formë keku të lyer me vaj dhe të shtruar 20 cm dhe piqeni në furrë të parangrohur në 180°C për 1 orë, derisa një hell i futur në qendër të dalë i pastër. Lëreni të ftohet në kuti.

Tortë me banane

Bën një tortë prej 23 x 33 cm / 9 x 13

4 banane të pjekura, të grira

2 vezë të rrahura lehtë

350 g / 12 oz / 1½ filxhan sheqer pluhur (shumë i hollë)

120 ml / 4 ml oz / ½ filxhan vaj

5 ml / 1 lugë esencë vanilje (ekstrakt)

50 g / 2 oz / ½ filxhan arra të përziera të copëtuara

225 g / 8 oz / 2 gota miell për të gjitha përdorimet

10 ml / 2 lugë çaji pluhur pjekje (pluhur pjekje)

5 ml / 1 lugë kripë

Përzieni bananen, vezët, sheqerin, vajin dhe vaniljen derisa të bëhet shkumë. Shtoni pjesën tjetër të përbërësve dhe përziejini derisa të bashkohen. Vendoseni në një formë keku 23 x 33 cm dhe piqeni në furrë të parangrohur në 180°C për 45 minuta, derisa një hell i futur në qendër të dalë i pastër.

kek me banane krokante

Përgatit një tortë 23 cm

100 g / 4 oz / ½ filxhan gjalpë ose margarinë, i zbutur

300 g / 11 oz / 11/3 filxhan sheqer pluhur (shumë i mirë)

2 vezë të rrahura lehtë

175 g / 6 oz / 1½ filxhan miell për të gjitha përdorimet

2,5 ml / ½ lugë kripë

1,5 ml / ½ lugë arrëmyshk i grirë

5 ml / 1 lugë çaji sodë buke (pluhur pjekje)

75 ml / 5 lugë gjelle qumësht

Disa pika esencë vanilje (ekstrakt)

4 banane, të grira

Për veshjen:

50 g / 2 oz / ¼ filxhan sheqer demerara

50 g / 2 oz / 2 filxhanë kornfleks, të grimcuar

2,5 ml / ½ lugë çaji kanellë të bluar

25 g / 1 oz / 2 lugë gjelle gjalpë ose margarinë

Rrahim gjalpin ose margarinën dhe sheqerin derisa të bëhet shkumë. Rrihni gradualisht vezët, më pas shtoni miellin, kripën dhe arrëmyshkun. Përzieni pluhurin për pjekje me qumështin dhe esencën e vaniljes, më pas përzieni në masën e bananes. Hidheni në një tepsi të lyer me yndyrë dhe të rreshtuar për kek 9 inç katror.

Për dressing-in, përzieni sheqerin, flaksin e misrit dhe kanellën, më pas lyeni me gjalpin ose margarinën, spërkatni sipër kekut dhe piqeni në furrë të parangrohur në 180°C/350°F/gaz 4 për 45 minuta derisa të piqet.

kërpudha banane

Përgatit një tortë 23 cm

100 g / 4 oz / ½ filxhan gjalpë ose margarinë, i zbutur

100 g / 4 oz / ½ filxhan sheqer pluhur (shumë i imët)

2 vezë të rrahura

2 banane të mëdha të pjekura, të grira

225 g / 8 oz / 1 filxhan miell që ngrihet vetë (maja)

45 ml / 3 lugë qumësht

Për mbushjen dhe mbushjen:

225 g / 8 oz / 1 filxhan krem djathi

30 ml / 2 lugë gjelle krem fraiche (creme fraiche)

100 g / 4 oz patate të skuqura delli të thata

Rrihni gjalpin ose margarinën dhe sheqerin lehtë dhe me gëzof. Shtoni gradualisht vezën, më pas shtoni bananen dhe miellin. Përzihet me qumësht derisa të merret një konsistencë e lëngshme. Vendoseni në një formë keku të lyer me yndyrë dhe rreshtim 9/23 cm dhe piqeni në furrë të parangrohur në 180°C/350°F/gaz shenjë 4 për përafërsisht. 30 minuta, derisa një hell i futur në qendër të dalë i pastër. Vendoseni në një raft teli dhe lëreni të ftohet, më pas priteni në gjysmë horizontalisht.

Për sipër, përzieni kremin e djathit dhe salcën e thartë derisa të bëhet shkumë, më pas vendosni gjysmën e masës në dy gjysmat e kekut në një sanduiç. Masën e mbetur e shtrojmë sipër dhe e dekorojmë me feta bananeje.

kek me banane e pasur me fibra

Përgatit një tortë 18 cm

100 g / 4 oz / ½ filxhan gjalpë ose margarinë, i zbutur

50 g / 2 oz / ¼ filxhan sheqer kafe të butë

2 vezë të rrahura lehtë

100 g / 4 oz / 1 filxhan miell gruri integral (gruri integral)

10 ml / 2 lugë lugë pluhur pjekjeje

2 banane, të grira

Për mbushjen:

225 g / 8 oz / 1 filxhan gjizë (gjizë e butë)

5 ml / 1 lugë çaji lëng limoni

15 ml / 1 lugë mjaltë e lehtë

1 banane e prerë në feta

Sheqer pluhur (e pasticerie), i situr, per pluhurosje

Rrahim gjalpin ose margarinën dhe sheqerin derisa të bëhet shkumë. Shtoni gradualisht vezët, më pas shtoni miellin dhe pluhurin për pjekje. Përziejeni lehtë bananen, masën e derdhni në dy tepsi të lyer me yndyrë dhe të shtruar 7/8 inç dhe piqeni në furrën e nxehur më parë për 30 minuta derisa të piqet. Lëreni të ftohet.

Për mbushjen, përzieni kremin e djathit, lëngun e limonit dhe mjaltin dhe lyejeni në një nga kekët. Sipër vendosni fetat e bananes dhe mbulojini me kekun tjetër. Shërbejeni të spërkatur me sheqer pluhur.

Tortë me limon me banane

Përgatit një tortë 18 cm

100 g / 4 oz / ½ filxhan gjalpë ose margarinë, i zbutur

175 g / 6 oz / ¾ filxhan sheqer pluhur (shumë i imët)

2 vezë të rrahura lehtë

225 g / 8 oz / 2 gota miell që rritet vetë (maja)

2 banane, të grira

Për mbushjen dhe mbushjen:

75 ml / 5 lugë gjizë limoni

2 feta banane

45 ml / 3 lugë gjelle lëng limoni

100 g / 4 oz / 2/3 filxhan sheqer ëmbëlsirash, i situr

Rrahim gjalpin ose margarinën dhe sheqerin derisa të bëhet shkumë. Rrihni vezët gradualisht, duke i rrahur mirë pas çdo shtimi, më pas shtoni miellin dhe bananen. Hedhim masën në dy tepsi për sanduiç të lyer me yndyrë dhe të shtruara 7/18 cm dhe e pjekim në furrë të parangrohur në 180°C/350°F/Gaz 4 për 30 minuta. Fikeni dhe lëreni të ftohet.

Vendosni biskotat së bashku me gjizën e limonit dhe gjysmën e fetave të bananes në një sanduiç. Spërkatini fetat e mbetura të bananes me 15 ml / 1 lugë gjelle lëng limoni. Lëngun e mbetur të limonit e përzieni me sheqer pluhur në një glazurë të fortë. Përhapeni kremin mbi tortë dhe dekorojeni me feta bananeje.

Tortë me çokollatë me banane në një blender

Prej saj bëjmë një kek 20 cm

225 g / 8 oz / 2 gota miell që rritet vetë (maja)

2,5 ml / ½ lugë e vogël pluhur pjekjeje

40 g / 1½ oz / 3 lugë gjelle pluhur çokollatë për të pirë

2 vezë

60 ml / 4 lugë gjelle qumësht

150 g / 5 oz / 2/3 filxhan sheqer pluhur (shumë i imët)

100 g / 4 oz / ½ filxhan margarinë e butë

2 banane të pjekura, të prera

Përzieni miellin, pluhurin për pjekje dhe çokollatën e pirjes. Përziejini përbërësit e mbetur në një blender ose procesor ushqimi për rreth. 20 sekonda; përzierja duket e gjizë. Shtoni përbërësit e thatë dhe përziejini mirë. Vendoseni në një formë keku të lyer me yndyrë dhe të shtruar 20 cm dhe piqeni në furrë të parangrohur në 180 °C / shenjën 4 të gazit për rreth. Piqeni për 1 orë, derisa një hell i futur në qendër të dalë i pastër. Vendoseni në një raft teli që të ftohet.

Torte me banane me lajthi

Përgatit një kek 900 g

275 g / 10 oz / 2½ filxhan miell për të gjitha përdorimet

225 g / 8 oz / 1 filxhan sheqer pluhur (shumë i imët)

100 g / 4 oz / 1 filxhan kikirikë, të copëtuar

15 ml / 1 lugë gjelle pluhur pjekjeje

një majë kripë

2 vezë të ndara

6 banane, të grira

Lëkura e grirë dhe lëngu i 1 limoni të vogël

50 g / 2 oz / ¼ filxhan gjalpë ose margarinë, të shkrirë

Përziejmë miellin, sheqerin, arrat, pluhurin për pjekje dhe kripën. Rrihni të verdhat e vezëve dhe shtoni në masën me banane, lëkurën e limonit dhe lëngun dhe gjalpin ose margarinë. Rrihni të bardhat e vezëve në një shkumë të fortë dhe më pas përzieni në masë. Hidhni në një enë pjekjeje (formë) të lyer me yndyrë 900 gr dhe piqeni në furrë të parangrohur në 180°C për 1 orë, derisa një hell i futur në qendër të dalë i pastër.

Tortë me banane dhe rrush të thatë në një

Përgatit një kek 900 g

450 g/1 lb banane të pjekura, të grira

50 g / 2 oz / ½ filxhan arra të përziera të copëtuara

120 ml / 4 ml oz / ½ filxhan vaj luledielli

100 g / 4 oz / 2/3 filxhan rrush të thatë

75 g / 3 oz / ¾ filxhan bollgur

150 g / 5 oz / 1¼ filxhan miell gruri integral (gruri integral)

1,5 ml / ¼ lugë çaji esencë bajame (ekstrakt)

një majë kripë

Përziejini të gjithë përbërësit derisa të keni një përzierje të butë dhe të lagësht. Hidheni në një tepsi (kallëp) të lyer me yndyrë dhe të shtruar me 900 gr dhe piqini në furrë të parangrohur në 190°C për 1 orë derisa të marrin ngjyrë kafe dhe të skuqen. Lëreni të ftohet në tepsi për 10 minuta përpara se ta mbështillni.

Tortë me uiski me banane

Prej saj bëjmë një kek 25 cm

225 g / 8 oz / 1 filxhan gjalpë ose margarinë, i zbutur

450 g / 1 lb / 2 gota sheqer të butë kafe

3 banane të pjekura, të grira

4 vezë të rrahura lehtë

175 g / 6 oz / 1½ filxhan pekan, të prera në mënyrë të trashë

225 g / 8 oz / 11/3 filxhan sulltane (rrush të thatë)

350 g / 12 oz / 3 gota miell për të gjitha përdorimet

15 ml / 1 lugë gjelle pluhur pjekjeje

5 ml / 1 lugë çaji kanellë të bluar

2,5 ml / ½ lugë e vogël xhenxhefil të bluar

2,5 ml / ½ lugë arrëmyshk i grirë

150 ml / ¼ linte / 2/3 filxhan uiski

Rrahim gjalpin ose margarinën dhe sheqerin derisa të bëhet shkumë. Përzieni bananen, më pas hidhni gradualisht vezët, përzieni arrat dhe sulltanat me një lugë të madhe miell, më pas përzieni miellin e mbetur me pluhurin për pjekje dhe erëzat në një tas të veçantë. Në masën e kremit shtojmë miellin në mënyrë alternative me uiski. Shtoni arrat dhe sulltanet. Masën e derdhim në një formë keku të lyer me vaj 25 cm dhe e pjekim në furrë të nxehur më parë në 180°C për 1¼ orë derisa të bëhet elastik në prekje. Lëreni të ftohet në tigan për 10 minuta përpara se ta vendosni në një raft teli për të përfunduar ftohjen.

Tortë me boronica

Përgatit një tortë 23 cm

175 g / 6 oz / ¾ filxhan sheqer pluhur (shumë i imët)

60 ml / 4 lugë vaj

1 vezë e rrahur lehtë

120 ml / 4 ml oz / ½ filxhan qumësht

225 g / 8 oz / 2 gota miell për të gjitha përdorimet

10 ml / 2 lugë lugë pluhur pjekjeje

2,5 ml / ½ lugë kripë

225 g / 8 oz boronica

Për veshjen:

50 g / 2 oz / ¼ filxhan gjalpë ose margarinë, të shkrirë

100 g / 4 oz / ½ filxhan sheqer të grimcuar

50 g / 2 oz / ¼ filxhan miell për të gjitha përdorimet

2,5 ml / ½ lugë çaji kanellë të bluar

Rrahim sheqerin, vajin dhe vezët derisa të bashkohen mirë dhe të zbehet. Shtoni qumështin dhe më pas përzieni miellin, pluhurin për pjekje dhe kripën, shtoni boronica. Masën e derdhim në një formë keku të lyer me yndyrë dhe me miell 23 cm, përziejmë përbërësit për sipër dhe e spërkasim sipër. Piqeni në furrë të parangrohur në 190°C për 50 minuta, derisa një hell i futur në qendër të dalë i pastër. Shërbejeni të ngrohtë.

Byrek me qershi Catstone

Përgatit një kek 900 g

175 g / 6 oz / ¾ filxhan gjalpë ose margarinë, të zbutur

175 g / 6 oz / ¾ filxhan sheqer pluhur (shumë i imët)

3 vezë të rrahura

225 g / 8 oz / 2 gota miell për të gjitha përdorimet

2,5 ml / ½ lugë e vogël pluhur pjekjeje

100 g / 4 oz / 2/3 filxhan sulltana (rrush të thatë)

150 g / 5 oz / 2/3 filxhan qershi me lustër (të ëmbëlsuar), të grira

225 g / 8 oz qershi të freskëta, të papastërta dhe të përgjysmuara

30 ml / 2 lugë gjelle reçel kajsie (rezervë)

Rrihni gjalpin ose margarinën derisa të zbuten, më pas shtoni sheqerin. Përzieni vezën, më pas miellin, pluhurin për pjekje, rrushin e thatë dhe qershitë e glazura. Hidheni në një enë pjekjeje (formë) të lyer me yndyrë 900 gr dhe piqeni në furrë të parangrohur në 160°C / shenjën e gazit 3 për 2,5 orë. Lëreni në tigan për 5 minuta, më pas transferojeni në një raft teli për të përfunduar ftohjen.

Sipër tortës i radhisim qershitë me radhë. Në një tenxhere të vogël vendosim të vlojë reçelin e pjeshkës dhe më pas e kullojmë dhe e shtrojmë sipër kekut me furçë.

Tortë me qershi dhe kokos

Prej saj bëjmë një kek 20 cm

350 g / 12 oz / 3 filxhanë miell që ngrihet vetë

175 g / 6 oz / ¾ filxhan gjalpë ose margarinë

225 g / 8 oz / 1 filxhan qershi me lustër (të ëmbëlsuar), të grira

100 g / 4 oz / 1 filxhan kokos të tharë (i copëtuar)

175 g / 6 oz / ¾ filxhan sheqer pluhur (shumë i imët)

2 vezë të mëdha, të rrahura lehtë

200 ml / 7 ml oz / pak 1 filxhan qumësht

Hidheni miellin në një tas dhe lyejeni me gjalpë ose margarinë derisa masa të ngjajë me thërrimet e bukës. Hidhni qershitë në kokos, më pas shtoni përzierjen e sheqerit dhe përzieni butësisht. Shtoni vezën dhe pjesën më të madhe të qumështit. Rrihni mirë, duke shtuar më shumë qumësht nëse është e nevojshme për të marrë një konsistencë të butë. Hidheni në një formë keku të lyer me yndyrë dhe të shtruar 20 cm. E pjekim në furrë të parangrohur në 180°C/350°F/gaz 4 për gjysmë ore, derisa një hell i futur në qendër të dalë i pastër.

Tortë me qershi dhe sulltaneshë

Përgatit një kek 900 g

100 g / 4 oz / ½ filxhan gjalpë ose margarinë, i zbutur

100 g / 4 oz / ½ filxhan sheqer pluhur (shumë i imët)

3 vezë të rrahura lehtë

100 g / 4 oz / ½ filxhan qershi me lustër (të ëmbëlsuar)

350 g / 12 oz / 2 gota sulltane (rrush të thatë)

175 g / 6 oz / 1½ filxhan miell për të gjitha përdorimet

një majë kripë

Rrahim gjalpin ose margarinën dhe sheqerin derisa të bëhet shkumë. Shtoni gradualisht vezët. Hidhni qershitë dhe sulltanat në pak miell që të lyhen, më pas shtoni miellin e mbetur në masën e përzier me kripë. Shtoni qershitë dhe sulltanet. Hedhim masën në një tepsi të lyer me yndyrë dhe të shtruar me 900 g dhe e pjekim në furrë të parangrohur në 160°C për 1,5 orë derisa një hell i futur në qendër të dalë i pastër.

Tortë akullore me arra qershie

Përgatit një tortë 18 cm

100 g / 4 oz / ½ filxhan gjalpë ose margarinë, i zbutur

100 g / 4 oz / ½ filxhan sheqer pluhur (shumë i imët)

2 vezë të rrahura lehtë

15 ml / 1 lugë mjaltë e lehtë

150 g / 5 oz / 1¼ filxhan miell (maja) që rritet vetë

5 ml / 1 lugë çaji pluhur pjekjeje

një majë kripë

       Për të dekoruar:

225 g / 8 oz / 11/3 filxhan sheqer ëmbëlsirash, i situr

30 ml / 2 lugë gjelle ujë

Disa pika ngjyrues ushqimor të kuq.

4 qershi të glazura (të sheqerosura), të përgjysmuara

4 gjysma arra

Rrahim gjalpin ose margarinën dhe sheqerin derisa të bëhet shkumë. Shtoni gradualisht vezët dhe mjaltin, më pas shtoni miellin, pluhurin për pjekje dhe kripën. Masën e derdhim në një kallëp (kallëp) të lyer me yndyrë dhe të shtruar me yndyrë 18 cm dhe e pjekim në furrë të nxehur më parë në 190°C për 20 minuta derisa të skuqet dhe të jetë e fortë në prekje. Lëreni të ftohet.

Vendosni sheqerin pluhur në një tas dhe gradualisht shtoni ujë të mjaftueshëm për të bërë një lustër (glazurë) që mund të përhapet. Përhapeni pjesën më të madhe të tij sipër tortës. Ngjyrosni kremin e mbetur me disa pika ngjyrues ushqimor dhe shtoni pak sheqer pluhur nëse kremi është shumë i hollë. Spërkateni ose spërkatni tortën me krem të kuq për ta prerë në feta, më pas dekorojeni me qershi të glazuruar dhe pecans.

www.ingramcontent.com/pod-product-compliance
Lightning Source LLC
Chambersburg PA
CBHW071141080526
44587CB00013B/1707